Zeitzeugen: Erinnerungen
Leutershausen 1934–1954

Rainer Schulz (Hg.)

Zeitzeugen: Erinnerungen

Gottfried und Luise Blendinger

1934 bis 1954
Evang.-Luth. Kirchengemeinde
Leutershausen, Mittelfranken

Original-Manuskripte
transkribiert und kommentiert

KR Gottfried Blendinger

Dekan in Leutershausen

von 1935 bis 1955

Der Autor / Hg.

Rainer Schulz, * 1954, wirkte als evang.-luth. Gemeindepfarrer in Chile und Bayern, zuletzt in Leutershausen, Mittelfranken. Eben hier wirkte auch Gottfried Blendinger als Dekan von 1935 bis 1955. In diesem Buch zitiert der Autor ihn und Ehefrau Luise als Zeugen einer stadtgeschichtlich dramatischen Epoche und trägt damit zur Aufarbeitung jener von der nationalsozialistischen Herrschaft bestimmten Jahre bei.

Impressum

Rainer Schulz © *Neuendettelsau / Leutershausen* **2025 (2. Fassung)**

Das Werk ist urheberrechtlich nach den allgemein geltenden Bestimmungen geschützt. Dies gilt im Besonderen für die hier mit freundlicher Genehmigung abgedruckten Dokumente aus dem Archiv der Evang.-Luth. Kirchengemeinde Leutershausen.

Der Gemeinde Betzenstein gilt besonderer Dank für die Zustimmung zur auszugsweisen Veröffentlichung des Beitrags von Luise Blendinger (1979).

Verlag: BoD · Books on Demand GmbH, In de Tarpen 42, 22848 Norderstedt, bod@bod.de
Druck: Libri Plureos GmbH, Friedensallee 273, 22763 Hamburg

ISBN: 978-3-7597-6640-3

Vorbemerkung (Hg.)

Der Kampf des nationalsozialistischen Staates gegen die Kirche habe sich methodisch »*mehr im Geheimen vollzogen*«. So fasst Gottfried Blendinger, Dekan im mittelfränkischen Leutershausen von 1935 bis 1955, das Vorgehen des Hitler-Regimes gegenüber der Kirche zusammen. Der Staat habe »*auf dem Weg von Verordnungen*« agiert, »*die z. T. gar nicht öffentlich bekannt gemacht wurden*«. Diese Verordnungen seien dann oft so »*getarnt*« worden, »*daß man sie bei oberflächlicher Betrachtung gar nicht als gegen die Kirche gerichtet erkennen konnte.*«[1]

Im Folgenden finden sich vier Einzel-Dokumente, nun zusammengefasst in einem Band. Drei davon sind Aufzeichnungen von Dekan Gottfried Blendinger, eines – hier auszugsweise wiedergegeben – hat seine Ehefrau Luise Blendinger verfasst, und alle vier drehen sich um die in Leutershausen zugebrachten Jahre 1935 bis 1955. Bei beiden berührt besonders die Sorge um das Schicksal der zum Kriegsdienst eingezogenen Söhne.

Ein besonderer Dank gilt der Evang.-luth. Kirchengemeinde Leutershausen für den Archiveinblick. Nur so konnten die Dekan-Blendinger-Manuskripte der Nachwelt zugänglich gemacht werden.

Bei aller völlig unbestrittenen Distanz der Eheleute Blendinger zum Hitler-Regime stellt sich zugleich die Frage: Welchen alltags-

---

[1] BLENDINGER, GOTTFRIED, Geschichte der Evang.-Luth. Kirchengemeinde Leutershausen 1938-1954, Leutershausen 1938-1954, 1.

praktischen Umgang übten die Blendingers gegenüber der über-
mächtigen NSDAP, Gestapo, Partei usw.? Wie verhielten sie sich
zur Vertreibung der Leutershausener Juden, zu Antisemitismus
oder Menschenrechtsverletzungen? Das sorgfältige und sachge-
rechte Abwägen solcher Fragen ist eine Aufgabe der historisch-wis-
senschaftlichen Forschung. Der vorliegende Band zielt hingegen
wesentlich darauf ab, einem Stück authentischer Zeitzeugenschaft
Raum und Stimme zu verleihen. Das Öffnen der Archive ist ein al-
lererster, allerdings auch entscheidender Schritt, um dieser Stimme
Gehör zu verschaffen.[2]

Blendinger selbst blickte auf diese Zeit zusammenfassend wie
folgt zurück:

> *»Schwere Zeiten für die Kirche zogen herauf. Ich darf sagen, daß ich von
> allem Anfang an wußte, wo ich stehen mußte und keinen Augenblick zwei-
> felte: auf der Seite des Evangeliums und des Bekenntnisses. Der Geist der
> sogenannten neuen Zeit wehte natürlich auch in das eher abgelegene Leuters-
> hausen und ich hatte mich auf einige Konfrontationen einzurichten. Daß sie*

---

[2] Sohn H. berichtet, sein Vater, ein »irenischer und leutseliger« Pfarrer, habe
sich gut mit Parteivertretern verstanden. Auf dem fränkischen Land sei eine
Einteilung in politische Freunde und Feinde unangebracht gewesen, da Bauern und Mittelstand Kirche und braune Gesinnung mühelos hätten vereinba-
ren können. (BLENDINGER, HERMANN, Ein Unheld im Zweiten Weltkrieg.
Kriegserinnerungen (zweite Fassung), 13). Man könne sagen, dass Fanatismus
bei den Leutershäusern nicht weitverbreitet war. Die meisten seien wohl
»braun« gewesen und Hitler habe schon vor 1933 hohes Ansehen im Städtchen genossen. (a. a. O., 14). Der Kirchbesuch sei gleichwohl überdurch-
schnittlich hoch gewesen. Man habe treu zum Landesbischof gestanden und
wenig Interesse an den »Deutschen Christen« gezeigt (a. a. O., 14–15). Ty-
pisch mittelfränkisch habe man die Juden nicht gemocht. An allen Ortsein-
gängen in Franken seien warnende Tafeln angebracht gewesen: »Juden sind
hier unerwünscht - die Juden sind unser Unglück.« (a. a. O., 15)

relativ harmlos ausfielen, entsprach vielleicht dem im Ganzen konservativen Geist in unserem Städtchen. Gerade auch die kommunale und politische Prominenz verhielt sich mit wenigen Ausnahmen wohlwollend gegen den neuen Dekan und die Kirche. Sie konnten nicht einfach über die starken Bindungen der Bevölkerung an ihre Kirche, die sich in den Gottesdienst-Besucherzahlen deutlich ausdrückte, hinweggehen. Wir hielten nach dem Muster von Nürnberg und Erlangen Bekenntnisgottesdienste ab, Fürbittan-dachten, zu denen eigens mit Handzetteln eingeladen wurde. Oft saß, sicher auf Anweisung des Kreisleiters in Ansbach, der Ortsgendarm mit dem No-tizblock in meinen Predigten. Eine Vervielfältigungsmaschine wurde be-schlagnahmt, eine bald beschaffte zweite streng verborgen gehalten. ›Deutsche Christen‹ gab es in unserem Ort so gut wie keine.‹[3]

Während Luise Blendinger den Schwerpunkt ihrer Erinnerungen auf das Leben im Pfarrhaus und das Ergehen der Familie legte, be-schrieb ihr Ehemann vorrangig die Geschehnisse um die Kirchen-gemeinde in Leutershausen. Seine Aufzeichnungen befassen sich zum einen mit der Geschichte der Kirchengemeinde in den Jahren 1938 bis 1954, sodann mit dem sogenannten »*Kirchenkampf*« (1934–1937), und schließlich als »*Kriegschronik*« mit Ereignissen während der Kriegsjahre 1939 bis 1945.

Dass Dekan Blendinger kein Repräsentant eines aktiven »Wider-stands« war, lässt sich beispielsweise an Zugeständnis-Bemerkungen wie der folgenden erkennen:

---

[3] Zitiert aus: SCHREIBER, HERMANN, Leutershausen 1975, 413.

»Wir [Pfarrer] sind die letzten, die nicht Gott und unserm Führer dankbar sind, dass wir verschont blieben vor solch grauenerregenden Zuständen, wie sie uns aus Russland und Spanien gemeldet werden.«[4]

Mehr noch:

Ob Blendinger sich der realen Situation in den von den Nationalsozialisten errichteten, sogenannten »Konzentrationslagern« im Klaren war? 1936 goutierte er im Blick auf »Kommunisten wie Ernst Thälmann etc.« dessen bzw. deren Gefangenschaft in einem »Konzentrationslager«.[5] Schon seit 1933 gab es in ganz Deutschland mindestens 40 solcher »Lager«, deren ausgemachtes Ziel zu jener Zeit vor allem darin bestand, politische Gegner der NSDAP definitiv aus dem Weg zu räumen und schließlich auch hinzurichten.

Die in dieser Hinsicht offenbare Ahnungslosigkeit Blendingers erstaunt insofern, als er durchaus auch klare Worte zu finden imstande war, etwa beim Eintreten für verhaftete, in Konzentra-

---

4   GOTTFRIED BLENDINGER, Antwort auf die Angriffe des stellvertr. Gauleiters K. Holz in der Versammlung vom 14.11.36, hier Seite 2 .

5   Offenbar war der geistlichen »Bekenntnisfront« vorgeworfen worden, sie wollten, dass Thälmann aus der Haft entlassen werde. Nebenbei bemerkt: Thälmann befand sich zu jener Zeit nicht in einem »Konzentrationslager«, sondern in Einzelhaft im Untersuchungsgefängnis Berlin-Moabit. Erst im August 1944 wurde er von den Nazis im KZ Buchenwald durch Erschießen ermordet.

tionslager verbrachte Pfarrer[6] oder mit seiner kritischen Einstellung zum Thema des Führer-Eides[7].

Überraschend ist auch das selbst noch nachträglich, zumindest öffentlich an den Tag gelegte Stillschweigen beider Eheleute über das Schicksal der Leutershäuser Juden[8], obwohl sie zur Zeit des antisemitischen Pogroms 1938 bereits in Leutershausen gelebt hatten und ihnen das Geschehene gewiß nicht entgangen sein konnte.[9] Dekan Blendinger erwähnt in seinen hier publizierten Texten Juden überhaupt nur einmal, nämlich ausgerechnet im Zusammenhang mit der Währungsreform 1948:

> *»Das Jahr 1948 ist das Jahr der Währungsreform. Das bedeutet auch für unsere Gemeinde eine große Einbuße. Wenn man zuerst gehofft hatte, daß wenigstens die kirchlichen Gelder von der Entwertung ausgenommen werden,*

---

[6] Blendinger verweist »auf die Tatsache, dass oft schon Geistliche ins Konzentrationslager gekommen sind, ohne dass weder vorher noch nachher ihre Sache von einem ordentlichen Gericht verhandelt worden wäre.« a. a. O., 2.

[7] »Eide Menschen gegenüber können dich nur binden zum Gehorsam in allen irdischen Dingen, aber sie können dich nicht binden für Fragen deines ev. Gewissens und deiner ev. Ueberzeugung. Sie können dich nur binden so weit nicht ein göttliches Gebot dagegen steht.« ebd.

[8] Sohn H. erinnerte sich, dass sein Vater die Judenverfolgung als Strafe für die Kreuzigung Jesu erklärt habe und erst bei der Gleichsetzung getaufter und ungetaufter Juden kritisch geworden sei. Die Mutter habe in der Judenfrage wohl kritischer als der Vater gedacht. BLENDINGER, HERMANN, Ein Unheld im Zweiten Weltkrieg, 16.

[9] Sohn H. erinnerte sich, dass in der Nacht vom 8. auf den 9. November 1938 [korrekt ist aber der 16. Oktober 1938] das jüdische Gebetshaus verwüstet, das Inventar zerstört und Gemeindemitglieder belästigt worden seien. Der Ortspolizist habe die Täter verhaftet, sie aber freilassen müssen; er selbst sei versetzt worden. Es habe keine lauten Proteste gegeben. Gerüchten zufolge seien die meisten Juden in die USA ausgewandert. Ihr Besitz sei verkauft und die Synagoge in ein Wohnhaus integriert worden. a. a. O., 15–16.

so war man bitter enttäuscht, daß auch die Gelder der Kirche 10:1 abgewertet wurden, während das Vermögen der Juden 1:1 behandelt wurde.«

Was die NSDAP angeht, so hob Luise Blendinger einerseits entgegenkommend hervor:

»Wenn ich von Parteimaßnahmen spreche, muß ich um der Gerechtigkeit willen sagen, daß die Leutershäuser Verantwortlichen aus der Partei weitgehend rücksichtsvoll und immer höflich mit ihrem Dekan umgegangen sind.«

Sie würdigt außerdem freundliche Geschenke der Partei zur Durchführung der Mütterarbeit, etwa *»Magermilch, oft Quark, oft große Tragkörbe voll Zwetschgen aus der städtischen Zwetschgenanlage«*, und berichtet vom Gendarmeriemeister, der ihr zwischen den Zeilen bedeutet habe, dass er im kommenden Gottesdienst zum *»Abhören«* anwesend sein werde.

Andererseits aber verschweigt sie nicht, dass man im Kapitel-Saal des Pfarrhauses *»alle kirchlichen Arbeiten«* aufgenommen habe, *»die in der Einengung durch die Parteimaßnahmen ihre Räume verloren«* hatten, sowie man *»immer neue Möglichkeiten«* gesucht und gefunden habe, um die kirchliche Frauenarbeit *»trotz aller Verbote durch die Partei«* fortzuführen. Das galt auch für die Reichstagung der Evangelischen Frauenhilfe 1944, die in den bis dahin gewohnten Räumen nicht mehr durchgeführt werden durfte, worüber die Gestapo *»scharf gewacht«* habe[10], und die man stattdessen nun improvisierend im Pfarrhaus

---

[10] Sohn H. erinnert sich, kleine, kirchenferne Minderheiten namentlich bekannter, fanatischer Nationalsozialisten (›Hundertfünfzigprozentige‹) habe es in Leutershausen zwar gegeben. Diesen seien die Eltern aber möglichst aus dem Weg gegangen. a. a. O., 16.

abhielt in der Hoffnung, die »*Parteileitung*« werde »*uns wohl keine Schwierigkeiten machen*«.

Noch deutlicher wurde Luise Blendinger im Blick auf Kriegspropaganda und die durch Spitzeltum erzielte Unterdrückung freier Meinungsäußerungen:

> »*Der Krieg wurde immer grausamer. Die Soldaten an der Front wurden durch propagandistische Irreführung in der Meinung erhalten, daß die Wende zum Sieg durch eine Wunderwaffe nahe bevorstehe. Jedenfalls wurde dies versucht. In der Heimat war diese Hoffnung erloschen. Aber wer konnte seine Meinung noch frei äußern! Jeder wurde überwacht, und wer mit Freunden ein offenes Gespräch wagen wollte, der sicherte sich zunächst ab durch den sogenannten deutschen Blick: Man spähte nach allen Seiten, ob es keine Zuhörer gab.*«

Bei Gottfried Blendinger ist über den Krieg an sich, geschweige denn über dessen politische Hintergründe eher weniger zu hören. In jungen Jahren war er »*mit Karabiner 98 und als Infanterist*«[11] ausgebildet worden. Im August 1914 wurde der seinerzeit noch unverheiratete Aschaffenburger Pfarrer einberufen. In Kampfhandlungen wurde er nicht verwickelt, sondern leistete Lazarett- und Küchendienste. Vier Monate später erkrankte er lebensbedrohlich an Typhus.[12] Ein Vierteljahr darauf folgte eine Rekonvaleszenzzeit im Siebengebirge. Knapp neun Monate nach der Einberufung endete die Militärzeit. Luise Blendinger, seine spätere Frau, berichtete darüber:

---

[11] BAYERISCHES HAUPTSTAATSARCHIV MÜNCHEN, Abteilung IV, Kriegsarchiv: Kriegsstammrollen (19690 / 5, Nr. 23) 1914–1918.

[12] Einheit: bayer. Train-Ersatz-Abteilung 2 Würzburg. Vgl. ebd. – »Train« = »Zug« oder »Tross«, d.h. Nachschublogistik zur Versorgung der Armee.

»Gottfried Blendinger hatte seinen Gestellungsbefehl für den 3. Mobilmachungstag bekommen. Er mußte sich als Sanitäts-Gefreiter bei seinem Truppenteil in Heidingsfeld bei Würzburg einstellen und von dort wurden die Kolonnen alsbald an die Westfront abtransportiert.[13] [...] Einmal kam noch ein Brief von Gottfried Blendinger.[14] Er erzählte von seinem Leben als Sanitätsgefreiter ohne jegliche Ausbildung, Kartoffelschälen und Küchendienste, bei den vielen Durchfallkranken niedrigste Arbeit, die man den Nichtausgebildeten zuschob. Gefahren durch Beschuß ohne jegliche Deckung! [...] Nach und nach sickerte ein Gerücht durch, der Pfarrer Blendinger habe Typhus. Und es wurde dann auch offiziell bestätigt. [...] Der Typhus hatte ihn lebensbedrohend gepackt. Zwischen Wachen und Bewußtseinsstörungen, zwischen Bangen und Hoffen verbrachte er notvolle Wochen. [...] Ende März[15] war er so weit genesen, daß er nach einer letzten Untersuchung zur Bestätigung, daß er kein Bazillenträger mehr sei, in das Genesungsheim Niederdollendorf im Siebengebirge bei Bonn einrücken konnte [...]. Im Juni 1915 trat Gottfried seine Pfarrstelle in Betzenstein an [...].«[16]

---

[13] Blendinger diente lt. Kriegsstammrolle im »Feldlazarett 8«, von wo er am 7.1.1915 »als krank« ins »Feldlazarett 12« verlegt wurde. Diese Lazarette dürften geographisch Frankreich / den Argonnen / dem Gebiet von Verdun / der Somme-Region zuzuordnen sein. Vom Feldlazarett 12 wurde Blendinger am 13. Januar 1915 ins Reservelazarett Celle überwiesen, am 2. März ins Reservelazarett Hannover, am 22.3. ins Reservelazarett Bonn. Vgl. ebd. – Blendinger selbst nennt in einem Lebensrückblick 1974 das französische Lille. SCHREIBER, HERMANN, Leutershausen, 411.

[14] Dieser Brief dürfte irgendwann in der Zeit von August bis Dezember 1914 geschrieben worden sein, nämlich vor der Typhuserkrankung im Januar 1915.

[15] 27. März 1915. BAYERISCHES HAUPTSTAATSARCHIV MÜNCHEN, Abteilung IV, Kriegsarchiv: Kriegsstammrollen.

[16] LUISE BLENDINGER, Vergangen – nicht vergessen. URL: www.betzenstein.de/media/1971/vergangen-nicht-vergessen.pdf (Stand: 17.11.2023), 27 ff.

Mit politischen Fragen befasste sich Blendinger, soweit erkennbar, vor allem im Blick auf die anfängliche Parteizugehörigkeit und den später erfolgten Parteiausschluss seines Kollegen Pfarrer Fries, im Zusammenhang damit besonders auch auf das an diesen ergangene Verbot, weiter Religionsunterricht zu erteilen. Blendinger berichtet:

> *»Pfarrer Fries hatte in einer Predigt kurz nach Absetzung der Bürgermeister erwähnt, dass die beiden Herrn um ihrer kirchlichen Stellung willen, wie man sage, abgesetzt worden seien. Er forderte die Gemeinde auf, sich durch eine Unterschriftensammlung an die Kreisleitung zu wenden. Auch hatte er im Religionsunterricht der 4./5. Klasse für die beiden Herrn um Kraft gebetet. Deshalb wurde er aus der Partei, in die er seinerzeit mit grosser Begeisterung eingetreten und grosse Opfer für sie gebracht, ausgeschlossen und [...] wurde ihm die Ausübung des Religionsunterrichts an allen Schulen untersagt. Durch Beschwerden an das Staatsministerium und Abordnungen nach Ansbach und München suchen wir die Rücknahme dieser Entscheidung herbeizuführen.«*

Einige Furore brachte die Frage von »Bekenntnisschulen« mit sich, und gegenüber Blendingers sonst eher zurückhaltender Art der Berichterstattung fällt auch der folgende Kommentar immerhin deutlich aus:

> *»Der Winter 1936/1937 brachte eine wesentliche Steigerung des Kirchenkampfes, indem Redner der Partei in ganz Franken die Kirche mit ihren Einrichtungen schmähten und verunglimpften und meist auch zum Austritt aus derselben aufforderten.«*

Ein bemerkenswerter Passus zur Problematik des sogenannten Ariernachweises findet sich in einer 1974 niedergeschriebenen Lebenserinnerung Blendingers:

> *»Eine zusätzliche Arbeit muß noch erwähnt werden, wenn sie auch damals jedes Pfarramt belastete: Es war die Flut der Bitten um «Arische Zeugnisse«. Auszüge aus den Kirchenbüchern, die dem Bittsteller amtlich bezeugten,*

> *daß er kein jüdisches Blut in den Adern hatte. ›Ich möchte anfragen, ob mein Großvater in ihren Kirchenbüchern erscheint‹, so und ähnlich kamen täglich Anfragen. [...] Die arischen Nachweise hatten übrigens die gute Seite, daß ich bald die verwandtschaftlichen Zusammenhänge meiner Gemeindeglieder kennenlernte, oft, bevor ich sie selber persönlich kannte.‹*[17]

Unvergeßlich für Leutershausen bleibt der mutige Vorstoß Blendingers, als es darum ging, am Ende des Krieges den amerikanischen Befreiern die weiße Fahne hochzuhalten. Er selbst beschreibt dieses Ereignis mit den folgenden Worten:

> *»Das schwere Kriegserleben, das mich eng mit meiner Gemeinde zusammenband, neigte sich seinem Ende und für uns noch einmal einem Höhepunkt zu. Die Front rollte über uns hinweg. Das bedeutete für uns, daß am 18. April 1945 etwa 120 Gebäude in Flammen aufgingen, mehrere Einwohner ihr Leben verloren und der nächste Tag noch schlimmer zu werden schien. Ich stellte mich dem Bürgermeister zur Verfügung, als er einen Unterhändler suchte, der ins fünf Kilometer entfernte Auerbach ging, wo die amerikanischen Truppen ihren Befehlsstand hatten. Es gelang mir auch, die amerikanischen Offiziere davon zu überzeugen, daß keine deutschen Sol- daten mehr in Leutershausen seien, und so blieb unser Städtchen von weiterer Bombardierungen verschont. Dieser nächtliche Gang zwischen den Fronten – unterwegs habe ich zwei gefallene deutsche Soldaten eingesegnet, die gerade am Straßenrand eingebettet wurden – ist wohl die Ursache, daß man mir einige Jahre später das Ehrenbürgerrecht der Stadt Leutershausen verlieh.«*

Blendinger schließt seine beruflichen Lebenserinnerungen mit folgendem Rückblick ab:

> *»Der Schwerpunkt meiner Arbeit, der mir am wichtigsten war, ist während der mehr als fünf Jahrzehnte meiner Amtszeit die Verkündigung und Auslegung von Gottes Wort gewesen in Predigt und Bibelstunden, im Religions-*

---

[17] Zitiert aus: SCHREIBER, HERMANN, Leutershausen, 413.

unterricht und Jugendarbeit. Dieser Dienst war meine große Freude. Als ich 1955 mit Erreichung der Altersgrenze mit 70 Jahren den Abschied nehmen mußte von der geliebten Arbeit, wurde mir das nicht leicht. Ich war dankbar, daß ich noch ein Jahrzehnt lang die Kraft hatte, auszuhelfen, wo man mich brauchte, so in Leutershausen selbst und in den Pfarreien des Dekanats. Einige Male wurde ich vom Landeskirchenrat zu mehrmonatlichen Aushilfen gebeten, bis hin nach Gallneukirchen / Österreich.«

Lebensabend und -ende:

»Das Pfarrersehepaar Blendinger war mit Betzenstein heimatlich so stark verbunden, dass sie sich im Ruhestand wieder hier ansässig machten. Sie bauten sich ein kleines Wohnhaus neben dem Pfarrhaus und verbrachten hier ihren Lebensabend. Ihre letzte Ruhestätte ist das Familiengrab auf dem Betzensteiner Friedhof.«[18]

Dr. Rainer Schulz, (Hg.)

---

[18] Richard Otto: Wussten Sie, dass... Rubrik des historischen Arbeitskreises Betzenstein. URL: www.betzenstein.de/media/1046/amtsblatt-oktober16.pdf (Stand: 2024-06-12).

Inhalt

I. Geschichte der Kirchengemeinde 1938–54

Von Dekan Gottfried Blendinger

Hinweis des Herausgebers:

Der Titel »Geschichte der Kirchengemeinde« gibt nicht wieder, worum es Blendinger hier eigentlich ging, nämlich um eine chronologische Darstellung seiner alltäglichen Gemeindearbeit, also um Gottesdienste, Konfirmationen, Bibelarbeiten, Gemeindekreise, Religionsunterricht, Vorträge, Bausachen, usw.

Nur sehr am Rande werden Themen wie Kirchenkampf oder Krieg angesprochen. Diesen beiden Bereichen widmete er sich in den beiden Schriften von »Kirchenkampf« (Seite 65 ff.) und »Kriegschronik« (Seite 77 ff.).

Die Jahre 1938 und 1939

Der Kampf gegen die Kirche, der in den vorhergehenden Jahren vom nat.-soz. Staat in der Öffentlichkeit geführt worden war, änderte seine Methode dahin, daß er mehr im Geheimen sich vollzog auf dem Weg von Verordnungen, die z. T. gar nicht öffentlich bekannt gemacht wurden. Diese Verordnungen wurden dann oft so getarnt, daß man sie bei oberflächlicher Betrachtung gar nicht als gegen die Kirche gerichtet erkennen konnte. Das zeigte sich vor allem im Kampf gegen die evang. Schule. Im Herbst 1939 wurden durch den Nat.-soz. Lehrerbund sämtliche Lehrer aufgefordert, den Religionsunterricht in den Schulen niederzulegen. Nachdem zuerst sämtliche Lehrpersonen den Unterricht abgegeben [hatten], nahmen ihn auf eine Weisung der Regierung die wieder auf, die gewissenshalber ihn weitergeben konnten. Das waren hier zwei, Lehrer Müller und Fröhlich. Lehrer Mendner in Büchelberg hat ihn nie abgegeben, sondern behielt ihn bei, bis ihm vom Bezirksamt die Niederlegung im April 1939 befohlen wurde. Zu dieser Zeit wurden durch eine Entschließung des Ministeriums für Unterricht und Kultus die Religionsstunden in der Volksschule von vier auf zwei herabgesetzt, die dann der Geistliche allein geben sollte. Weil dem Pfarrer Fries seit Mai 1937 der Unterricht in der Schule verboten war, verblieb die ganze Unterrichtserteilung im Winter 1938/39 dem Berichterstatter, der dadurch – mit 3 Stunden Konfirmandenunterricht – oft [auf] bis zu 22 Stunden in der Woche kam. Pfr. Fries übernahm dafür die Ausstellung der arischen Zeugnisse. Vom April 1939 ab waren es dann mit der Christenlehre, die auch weiterhin am Sonntagnachmittag ½ 2 Uhr gehalten werden konnte, noch 13 Stunden R.U.

Im Frühjahr 1938 ging die Maul- und Klauenseuche durch die Ställe, die auch das gottesdienstliche Leben stark behinderte. Wer in seinem Stall die Seuche hatte, durfte den Gottesdienst nicht mehr besuchen und wer sie noch nicht hatte, fürchtete sich oft, in denselben zu gehen. Doch zeigte sich wieder einmal, daß die, welche sich am meisten hüteten, sie auf unerklärliche Weise oft zuerst in den Stall bekamen. In die verseuchten Gehöfte wurden eine Zeit lang Predigten verteilt. Zugleich herrschte in unserer Gegend ein merkwürdiges Pferdesterben. Dies hatte seinen Grund in Folgendem: Die Pferde sollten gegen Borna geimpft werden. Die Lymphe aber war von einem Pferd gewonnen, das zugleich anämiekrank war, obwohl diese Krankheitsverbindung von der Wissenschaft bisher nicht für möglich gehalten war. So wurde den Pferden die Anämie eingeimpft, und alle Geimpften mußten erschossen werden, was in der ganzen Bevölkerung großen Jammer hervorrief.

Im Übrigen konnte in den Jahren 1938/39 ruhig Aufbauarbeit geleistet werden.

- In der letzten Woche des Kirchenjahres 1937[19] wurde in abendlichen Vorträgen durch den Berichterstatter Offenb. Joh. Kap. 2 und 3 durchgenommen.

- In der Zeit vom 4. p.[20] Epiph.[21] bis Sonntag Septuagesimä[22] 1939 wurde eine in Neuendettelsau durch das Amt für Volksmission unter Leitung von Prof. Rendtorff[23] - Stettin vorbereitete Bibelwoche über den 1. Petrusbrief abgehalten.

Beide Wochen erfreuten sich eines sehr guten Besuchs. Das Lutherhaus war jeden Abend trotz mancher anderen Veranstaltungen fast völlig gefüllt.

---

[19] Anm. Hg.: Letzte Woche des Kirchenjahres 1937 = Montag, 21. November 1938 bis Samstag, 26. November 1938.

[20] Anm. Hg.: p. = post, lateinisch für »nach«.

[21] Anm. Hg.: 4. Sonntag nach Epiphanias 1938 = 30. Januar 1938.

[22] Anm. Hg.: Sonntag Septuagesimä 1939 = Sonntag, 5. Februar 1939.

[23] Anm. Hg.: Zu Heinrich Rendtorff (1888–1960): »Im Mai 1933 wurde er tatsächlich vorläufiges Mitglied der NSDAP und gründete noch im gleichen Monat den Mecklenburgischen Kampfbund für Kirche und Kultur. Doch bereits im August 1933 wurde er aus der Partei »wegen parteischädigender Äußerungen« ausgeschlossen, weil er Mitglied der Bekennenden Kirche geworden war. [...] Heinrich Rendtorff wechselte 1934 von Mecklenburg nach Pommern, wo er in der Kirche der Altpreußischen Union eine Pfarrstelle der Wartburg-Gemeinde in Stettin-Braunfelde übernahm, die er bis 1945 ausübte. Gleichzeitig engagierte sich Rendtorff in der Bekennenden Kirche (BK) und wurde Mitglied des pommerschen Bruderrates der BK.« WIKIPEDIA.ORG, Artikel: »Heinrich Rendtorff«. URL: wikipedia.org/wiki/Heinrich_Rendtorff (Stand: 17.11.2023).

Auch die Jugendarbeit ging ungestört ihren Gang – trotz HJ (Hitlerjugend)[24] und BdM (Bund deutscher Mädchen).

- Jede Woche sammelte sich abwechselnd im 1. und 2. Pfarrhaus die konfirmierte männliche und weibliche Jugend (die männliche sammelte sich meist im Lutherhaus); Montagabend der 7./3. Jahrgang, von Frau Dekan betreut, Dienstagabend die schulpflichtige männliche Jugend, Donnerstagabend die Mädchen des 4.-6. Jahrgangs, betreut von Pfr. Fries.

- Die Konfirmanden fuhren in je 3 Omnibussen 1938 nach Würzburg, 1939 nach Rummelsberg und Altdorf. Mit der konfirmierten Jugend gings 1938 nach Wertheim, wo uns die Gemeinde freundlich in Freiquartieren aufnahm. Besonders Kreuzwertheim, die Heimat von Frau Dekan, tat sich in diesem Dienst besonders hervor.

1939 fuhr die Jugend nach Stuttgart, besichtigte die Gartenschau und übernachtete im Jugendheim in Plattenhardt.

Es war jedes Mal der schöne Monat Mai für die Fahrten gewählt worden und mit Gottes Hilfe sind sie auch ohne jeden Unfall vonstatten gegangen und alles war hochbefriedigt.

---

[24] Anm. Hg.: Erinnerung von Sohn H.: Wegen seines Wechsels zum Gymnasium nach Ansbach habe er seine Leutershausener Altersgenossen vor allem bei der Hitlerjugend und im Konfirmandenunterricht kennengelernt. BLENDINGER, HERMANN, Ein Unheld im Zweiten Weltkrieg, 16.

Immer wieder einmal fand auch ein Singen mit Frauen und Mädchen im Lutherhaus an Sonntagabenden unter Leitung von Frl. Grossmann-Ansbach statt.

Auch die Mütterarbeit konnte durch Frau Dekan weiter fortgesetzt werden.

- Jeden Monat fanden im Winter Bibelstunden statt für die Konfirmandenmütter, in welchen vor allem Erziehungsfragen besprochen wurden;

- außerdem wurden vor allem jüngere Mütter zu Bibelbesprechungen gesammelt, die auch etwa von 30 Frauen besucht waren.

In der Männerarbeit wurden von mir jeden Wintermonat die Themen des Volksmissionarischen Amtes besprochen. Die Besucherzahl schwankte zwischen ca. 30-100.

Auswärtige Bibelstunden wurden im Winter abwechselnd in Erlbach, Clonsbach, Winden von KR Blendinger, in Büchelberg und Aurach von Pfr. Fries gehalten, und zwar an den Abenden, da in dieser Zeit die Besucherzahl viel größer war als an den Nachmittagen.

Am Sonntag Jubilate[25] 1939 wurde zum ersten Mal hier die Goldene Konfirmation unter großer Anteilnahme der ganzen Gemeinde begangen, und zwar für die Konfirmandenjahrgänge 1879

---

[25] Anm. Hg.: Jubilate 1939 = Sonntag, 30.4.1939.

und 89. Vom ersteren Jahrgang waren noch 5, vom letzteren noch 12 Männer und 15 Frauen zugegen. Am Nachmittag erzählte bei Kaffee und Kuchen ein jeder kurz etwas aus seinem Leben. Am Abend hielt Pfr. Luber einen Vortrag über die franz. Protestanten. Die Einlagen waren bestimmt für die Herrichtung der Zifferblätter der Turmuhr, die dann auch für 305,-- RM von der Firma Holzöder in Rothenburg um Pfingsten[26] neu gestrichen wurden.

An sonstigen Veranstaltungen fanden folgende statt:

- An Estomihi[27] ordinierte Herr OKR Kern zwei Predigtamts- kandidaten in der hiesigen Kirche.

- Am Palmsonntag[28] nachm. sammelte ein Bundessekretär des CVJM die männliche Jugend im Lutherhaus, die sehr zahl- reich sich einfand.

- An der Konfirmation erzählte Stud. Rat Fikenscher - Ans- bach von der Auslandsarbeit des Gustav-Adolf-Vereins.

- Am 6. S. n. Trin.[29] fand eine Bibel- und Singwoche mit Frl. Scherer - Nürnberg statt.

---

[26] Anm. Hg.: Pfingsten 1939 = Sonntag, 28.5.1939.

[27] Anm. Hg.: Estomihi 1939 = Sonntag, 19.2.1939.

[28] Anm. Hg.: Palmsonntag 1939 = Sonntag, 2.4.1939.

[29] Anm. Hg.: 6. S. n. Trinitatis 1939 = Sonntag, 16.7.1939.

- Am 19. n. Trin.[30] sprach Pfr. Konrektor Naegelsbach - Rummelsberg über seine dortige Erziehungsarbeit.

- An Advent[31] nachm. sang das Quartett von Prof. Röthig – Leipzig in der Kirche.

- Am Advent sprach Dr. Olpp - Rummelsberg über seine missionsärztliche Arbeit.

- An Sexagesimä[32] 1939 führte hier eine Nürnberger Spielschar das Laienstück »Der Ruf« in der Kirche auf, das großen Eindruck hinterließ.

Die Kartei der hiesigen Kirchenbücher legte 1939–1955 (?) Pfr. i. R. Fürst - Schwabegg an – ein sehr verdienstvolles, vorzüglich ausgeführtes Werk.

---

[30] Anm. Hg.: 19. S. n. Trinitatis 1939 = Sonntag, 15.10.1939.
[31] Anm. Hg.: 1. Advent 1939 = Sonntag, 3.12.1939.
[32] Anm. Hg.: Sexagesimä 1939 = Sonntag, 12.2.1939.

Jahr 1940

Das Jahr 1940 brachte für das Gemeindeleben keine besonders einschneidenden Ereignisse. Alles stand unter dem Zeichen des Krieges mit seinen großen Siegen über Holland, Belgien, Frankreich, Jugoslawien.

Im Kirchenkampf ist nur eine Maßnahme von größerer Tragweite vollzogen worden: im Januar wurde der Religionsunterricht in den Berufsschulen abgesetzt, so daß nun für die Kinder nur der kirchliche Unterricht der Christenlehre in Betracht kam.

Infolge Erkrankung des Ortsgeistlichen (Dekan Blendinger) konnte in diesem Jahr die Konfirmation erst am Sonntag Cantate[33], die 2. Goldene Konfirmation erst an Pfingsten[34] gefeiert werden.

In der Woche nach dem Reformationsfest[35] wurde wieder die Bibelwoche gehalten, allerdings nur in der ungeheizten und nicht zu verdunkelnden Kirche, so daß der Besuch die Besucherzahl der letzten Jahre nicht erreichte.

An sonstigen Veranstaltungen ist noch zu erwähnen:

---

[33] Anm. Hg.: Kantate 1940 = Sonntag, 21.4.1940.
[34] Anm. Hg.: Pfingsten 1940 = Sonntag, 12.5.1940.
[35] Anm. Hg.: Reformationsfest 1940 = 31.10.1940.

1. Ein Missionssonntag von Missionspfarrer Gerold, der eine Kapitelsreise für die Leipziger Mission ausführte und am Sonntag Judika[36] hier sprach.

2. Am Erntedankfest[37] veranstaltete Prof. Kempff - Erlangen eine kirchenmusikalische Feierstunde. Am 22. p.[38] Trin. führte die hiesige Gemeindejugend ein Märchenspiel im Lutherhaus auf »Der gestiefelte Kater«, was großen Beifall fand.

---

[36] Judika 1940 = Sonntag, 10.3.1940.

[37] Anm. Hg.: Erntedankfest 1939 = Sonntag, 6.10.1940.

[38] Anm. Hg.: 22. S. n. Trinitatis 1940 (p. = post, lateinisch für »nach«) = Sonntag, 20.10.1940.

Jahr 1941

Das Frühjahr 1941 brachte durch das Verbot fast aller christlichen Blätter, das im Zuge der Papierersparnis erfolgte, eine einschneidende Veränderung im Gemeindeleben. Dadurch fiel vor allem das Rothenburger Sonntagsblatt aus, das in etwa 200 Exemplaren in der Gemeinde gelesen wurde, ferner die Blätter, welche den Soldaten hinausgeschickt wurden, endlich auch die sämtlichen Missionsblätter für Kinder und Erwachsene.

Das Verbot des »Himmelfahrtstages«[39] verursachte große Entrüstung. Keiner, der nicht durch Einordnung in einen Betrieb gezwungen war, hat an diesem Tag gearbeitet. Stadt und Land zeigte Feiertagsgewand. Abends um 7 Uhr fand ein großes Abendmahl statt (213 Besucher), um ½ 8 Uhr ein sehr gut besuchter Gottesdienst.

Auf der anderen Seite brachte das Jahr auch eine Erleichterung: Ab Rogate[40] wurde das seit vielen Monaten bestehende Läuteverbot aufgehoben, jedoch blieben die Glocken beschlagnahmt.

An Veranstaltungen brachte das Jahr trotz des Krieges noch eine ziemliche Anzahl:

---

[39] Anm. Hg.: Himmelfahrt 1941 = Donnerstag, 22.5.1941.

[40] Anm. Hg.: Rogate 1941 = Sonntag, 18.5.1941.

- Am 1. n. Epiph.[41] fand ein Bibelnachmittag für die Mädchen des Dekanatsbezirkes statt. Es kamen 70 zusammen.

- Am 3. n. Epiph.[42] hielt Herr Miss.-Insp. Stock einen Missionstag im Zuge seiner Kapitelsreise.

- Die Goldene Konfirmation wurde wieder unter lebhafter Beteiligung am Sonntag Jubilate[43] gefeiert.

- Zum Sonntag Cantate[44] fuhr eine große Zahl männlicher und weiblicher Jugend zum Jugendtag nach Rothenburg.

- Am 6. n. Trin.[45] hielt Miss.-Inspektor Langholf, Neuendettelsau einen Missionstag hier ab.

- Im Herbst zeigte ein Vertreter Bethels schöne Lichtbilder von dort in der Kirche.

- Vom Do.–Sa. nach dem Bußtag[46] im Herbst veranstaltete das männliche Jugendwerk Bibelabende für die Jugend, die gut besucht waren; am 11., 12. und 14. Dez. das Jungmädchenwerk Bibelstunden für die weibliche Jugend. Am 12. waren vom ganzen Kapitel 70 Mädchen beieinander.

---

[41] Anm. Hg.: 1. S. n. Epiphanias 1941 = Sonntag, 12.1.1941.

[42] Anm. Hg.: 3. S. n. Epiphanias 1941 = Sonntag, 26.1.1941.

[43] Anm. Hg.: Jubilate 1941 = Sonntag, 4.5.1941.

[44] Anm. Hg.: Kantate 1941 = Sonntag, 11.5.1941.

[45] Anm. Hg.: 6. S. n. Trinitatis 1941 = Sonntag, 20.7.1941.

[46] Anm. Hg.: Buß- und Bettag 1941 = Mittwoch, 19.11.1941.

Im Herbst 1941 wurde ein altes gotisches Bild, das auf dem Dachboden des Dekanats gefunden und wiederhergestellt worden war, durch die Firma Wiedl - Nürnberg, im Altarraum aufgehängt.

Da das Lutherhaus am 1.11. wieder von der Beschlagnahme für die Rückwanderer frei wurde — es wurde kein Pfennig Entschädigung bezahlt trotz eines Vertrages — konnte nun ab Advent[47] die Männerarbeit wieder beginnen. Alle 14 Tage kommen dieselben dort zusammen.

---

[47] Anm. Hg.: 1. Advent 1941 = Sonntag, 30.11.1941.

Jahr 1942

Im Winter 1941 auf 42 konnten wieder im Lutherhaus bis Ostern[48] alle 14 Tage Männer- und Frauenbibelstunden durchgeführt werden.

Die Männerstunden waren nur von ca. 15 Mann besucht, die Frauenstunden von ca. 30.

Der Winter 41/42 war sehr schneereich und kalt. Viele Tiere im Wald sind ein Opfer des Frostes und des Schnees geworden. Infolge der Kälte, die bis Ende März dauerte, wurden auch die Gemeindebibelstunden und Kriegsbetstunden im oberen Saal des Lutherhauses gehalten, ebenso auch die Goldene Konfirmation, die 14 Tage nach der Grünen wie alljährlich gefeiert wurde, und zwar am 3.3. Die Goldenen Konfirmanden kommen zu dieser Feier alle Jahre sehr gern. Der Nachmittagskaffee mit seiner zwanglosen Unterhaltung und den Erzählungen der Konfirmanden aus ihrem Leben bildet immer einen Höhepunkt des Festes.

Am 5.7. (5. n. Trin.) fand wieder einmal Mädchenjugendtreffen in der Kirche – das Lutherhaus war belegt – statt. Aus dem Kirchenbezirk waren 106 Mädchen zusammengekommen. Das Treffen leitete Frl. Bruckner vom Evang. Jungmädchenwerk in Nürnberg.

Am 20. n. Trin., den 18. 10., hielt vorm. Stadtpfarrer Trillhaas aus Erlangen-Altstadt einen Missionsgottesdienst und Missions-

---

48 Anm. Hg.: Ostern 1942 = Sonntag, 5.4.1942.

inspektor Dr. Keyßer[49] nachm. einen Missionsvortrag anläßlich der Tagung der Bayer. Missionskonferenz in Ansbach.

Am Reformationsfest[50] predigte vorm. und nachm. hier Herr Oberkirchenrat Breit - München.

Am 16.11. wurde im Kapitelsaal eine Bibelwoche in 3 Abenden durchgeführt, in welcher der Berichterstatter über 3 Gleichnisse Jesu aus dem Lukasevangelium sprach. Die Stunden waren von durchschnittlich 130–160 Menschen besucht, so daß der Saal und das anstoßende Studierzimmer dicht besetzt war. Die Aufmerksamkeit war groß.

Am 8.–10.11. hielt der Mütterdienst - Nürnberg eine Tagung hier ab mit Bibelstunden von Vikarin Weigle - Berlin, nachm. für Pfarrfrauen – ca. 20 anwesend – und abends für die Gemeinde.

Ab 1.4. eröffnete das neugegründete Kirchensteueramt Ansbach seinen Betrieb.

---

[49] Anm. Hg.: »Christian Gottlob Keyßer (* 7.3.1877 in Geroldsgrün, Oberfranken; † 14.12. 1961 in Neuendettelsau; auch in der Schreibung Keysser) war ein deutscher evangelisch-lutherischer Missionar (»Pioniermissionar«) der Neuendettelsauer Mission in Neuguinea. […] Er stand in den Jahren von 1899 bis 1920 in Diensten der Neuendettelsauer Mission in Neuguinea (heute Papua-Neuguinea) und setzte dort das von Johann Flierl begonnene Werk fort. […] Keyßer wurde Mitglied der NSDAP und der Deutschen Christen.« WIKIPEDIA.ORG, Artikel: »Christian Keyßer«. URL: wikipedia.org/wiki/Christian_Keyßer (Stand: 17.11.2023).

[50] Anm. Hg.: Reformationsfest 1942 = Samstag, 31.10.1942.

Jahr 1943

An Septuagesimä[51] hielt Frl. M. Merz vom Mütterdienst einen Vortrag vor Frauen über »Gottes Wort im Gesangbuch«.

Ab Estomihi[52] drei Bibelabende von Frl. Bruckner - Nürnberg für Mädchen.

Karfreitagabend[53] liturg. Feierstunde durch Kirchenchor.

An Jubilate[54] wie alljährlich wieder Goldene Konfirmation.

Am 1. n. Trin.[55] Mädchenbibelnachmittag für Dekanatsbezirk in Leutershausen (Lutherhaus), durch Frl. Bruckner und Ströbel - Nürnberg. 7.–14.11. Bibelwoche durch Dekan Blendinger, 7 Abende, über Kolosserbrief.

An Advent[56]: Bibel- und Singabend durch Frl. Bruckner - Nürnberg für Mädchen.

---

[51] Anm. Hg.: Septuagesimä 1943 = Sonntag, 21. Februar 1943.

[52] Anm. Hg.: Estomihi 1943 = Sonntag, 7. März 1943.

[53] Anm. Hg.: Karfreitag 1943 = Freitag, 23.4.1943.

[54] Anm. Hg.: Jubilate 1943 = Sonntag, 16. Mai 1943.

[55] Anm. Hg.: 1. S. n. Trinitatis 1943= Sonntag, 27.6.1943.

[56] Anm. Hg.: 1. Advent 1943 = Sonntag, 28.11.1943.

Jahr 1944

An Jubilate[57] wurde wieder Goldene Konfirmation wie alljährlich gefeiert, und zwar für die Jahrgänge 1884 und 94.[58]

An Exaudi[59] hielt Prof. Kempff - Erlangen wieder eine musikalische Abendfeier.

Am 14. n. Trin.[60] [*hielt*] Dr. Gründler im Lutherhaus einen Vortrag über »Glaubenstrost in unserem Gesangbuch«.

Ende Oktober bis Mitte November hielt der Bayer. Mütterdienst im Dekanat eine Reichstagung ab (3 Wochen), die durchschnittlich von ca. 20–25 Teilnehmern besucht war.

Vom 19.–26.11. war wieder in 7 Abenden Bibelwoche über die Knecht-Gottes-Stücke des Profeten Jesaja durch Dekan Blendinger.

---

[57] Anm. Hg.: Jubilate 1944 = Sonntag, 30.4.1944.

[58] Die angegebenen Daten lassen darauf schließen, dass Goldene (50 Jahre) und zugleich Diamantene (60 Jahre) Konfirmation gefeiert wurden.

[59] Anm. Hg.: Exaudi 1944 = Sonntag, 21.5.1944.

[60] Anm. Hg.: 14. S. n. Trinitatis 1944 = Sonntag, 10.9.1944.

Jahr 1945

Über das Jahr 1945 berichtet ausführlich die **Kriegschronik**[61] der Pfarrei.

---

[61] Anm. Hg.: Siehe Seite 77 ff.

Jahr 1946

Im Jahre 1946 wurde auf meinen Vorschlag als Bürgermeister vom Landrat Dr. Neff der hiesige Rechtsanwalt Dr. Hans Reichardt, der Enkel des früheren hiesigen Dekans Reichardt, berufen. Er erfüllte aber als Ortsfremder nicht die Erwartungen, die man auf ihn setzte. Wohl hat er dem grauenvollen Wohnungselend durch den Ausbau des Landgerichts und des alten Krankenhauses zu Wohnungszwecken etwas gesteuert. Im Dekanatsgebäude war schon seit dem Umsturz der Kapitelsaal, das große Zimmer unter demselben, dazu noch ein Zimmer im ersten wie im zweiten Stock mit Obdachlosen belegt. Durch den Brand von Leutersh., dem über 30 Gebäude zum Opfer gefallen [waren], sowie das Einströmen der Flüchtlinge, war die Wohnungsnot ungeheuer geworden. Dieser Not war durch Reichardt wohl etwas gesteuert. Aber er machte den Fehler, die Kinderschule, die von einer Stiftung gegründet und durch NSV[62]-Mittel im 3. Reich sehr schön ausgebaut war, als Krankenhaus einzurichten und dadurch die Kinderschule in den 1. Stock des Lutherhauses zu verdrängen, wo eigentlich nur eine schlechte Möglichkeit für sie vorhanden [war]. Behilflich war ihm dabei eine Neuendettelsauer Schwester Grete Kaufmann, die später abgelöst wurde auf Antrag des Pfarramts.

---

[62] Anm. Hg.: NSV = Nationalsozialistische Wohlfahrt.

Das Jahr stand unter dem Zeichen der Fürsorge an den Flüchtlingen.

- Am Anfang des Jahres konnten täglich von 15–17 Uhr im Dekanat Suchkarten ausgefüllt werden, die vom Roten Kreuz weiter behandelt wurden. Davon wurde von Einheimischen wie von Flüchtlingen ausgiebig Gebrauch gemacht.

- Zwischen dem 3. und 4. n. Epiph.[63] wurde für das Evang. Hilfswerk eine Geldhaussammlung und eine Pfundsammlung[64] für die Flüchtlingslager durchgeführt.

- Oberkonsistorialrat Schedler sprach auf einem Gemeindeabend über »Flüchtlingselend auf den Straßen des Ostens«. Da er selbst aus Lodzs in Polen evakuiert war, konnte er aus eigener Anschauung erzählen.

- Im Laufe des Jahres wurden auch viele Pakete Zwieback an das Durchgangslager in Berlin geschickt, eine Sammlung, die hauptsächlich auf die Anregung von Propst Grüber in Berlin zurückging.

---

[63] Anm. Hg.: 3. S. n. Trinitatis = Sonntag, 7.7.1946. – 4. S. n. Trinitatis = Sonntag, 14.7.1946.

[64] Anm. Hg.: »Die Pfundspende, seltener auch Pfundsammlung genannt, war eine in Tüten verpackte Naturalspende von haltbaren Nahrungsmitteln wie Nudeln, Erbsen, Zucker oder auch Konserven. In der Zeit des Nationalsozialismus sammelten Helfer des Winterhilfswerks die Pfundspenden ein, stellten daraus Lebensmittelpakete zusammen und verteilten diese an Bedürftige.« WIKIPEDIA.ORG, Artikel: »Pfundspende«. URL: wikipedia.org/wiki/Pfundspende (Stand: 17.11.2023).

- Im Frühjahr fand auch eine Eiersammlung in der Gemeinde statt, die 860 Eier für den Mütterdienst in Nürnberg zusammenbrachte.

- Im Sommer konnte eine große, durchs Hilfswerk in Nürnberg übermittelte Kleiderspende aus den evang. Kirchen in USA verteilt werden. Das untere große Zimmer im Dekanat wurde als Anproberaum ausgestaltet und 14 Tage lang hat Frau Dekan mit einigen Hilfen aus der Gemeinde (bes. Frau Oberlehrer Gruber und ihre Schwester Frl. Josefine von Winkler) die Kleider an die Notleidenden verteilt, wodurch ihre Kraft so geschwächt wurde, daß sie erst nach 1½ Jahren wieder voll leistungsfähig wurde.

- Die Zahl der Flüchtlinge zu den Einheimischen ist etwa 1:3.

Folgende Veranstaltungen des Jahres sind bemerkenswert:

- Am Montag nach Sexagesimä[65] fand durch Kirchenmusikdirektor Prof. Kempff - Erlangen eine kirchenmusikalische Feierstunde statt.
- An Cantate[66] wurde die Goldene Konfirmation gefeiert.
- Am selben Sonntag fand die Bezirkssynode im Lutherhaus statt, der ein Vortrag von Rektor Merz in der Kirche über Fr. von Bodelschwingh voranging.
- An Exaudi[67] Bezirksjugendtag, an dem die weibl. Gemeindejugend das Laienspiel »Die Frauen am Ostermorgen« aufführte. In München erscheint das Sonntagsblatt wieder.

---

[65] Anm. Hg.: Sexagesimä 1946 = Sonntag, 4.2.1945.
[66] Anm. Hg.: Kantate 1946 = Sonntag, 19.5.1946.
[67] Anm. Hg.: Exaudi 1946 = Sonntag, 2.6.1946.

- Vom 13. n. Trin,[68] 1946 wurden im Abstand von 14 Tagen Gottesdienste für die etwa 160 evang. Flüchtlinge vor allem aus Ungarn in der kath. Kirche Aurach abgehalten. Das Kath. Pfarramt (Pfr. Peter) zeigte sich allezeit sehr entgegenkommend.

Ab 1946 wird das Kirchgeld gestaffelt erhoben.

Am 21. n. Trin.[69] 1946 fand Kirchenvorstandswahl statt.

Vom 1. auf 2. Advent[70] hielt Herr Pfarrer Fikenscher die Bibelwoche über Texte aus der Offenbarung, die wieder sehr gut besucht war.

Drei Fürbittegottesdienste wurden im Jahr für die Kriegsgefangenen gehalten.

Vor Weihnachten verunglückten die beiden Oberkirchenräte Bogner und Stoll auf einer Dienstreise mit ihrem Auto und waren sofort tot.

Das Reformationsjubiläum (Luthers Tod 1546–1946) wurde in allen Gemeinden des Kirchenbezirks nach den vom LKR gegebenen Richtlinien gefeiert.

- In den Christenlehren und im Religionsunterricht wurde das Sterben Luthers behandelt und seine Lieder durchgenommen.

---

[68] Anm. Hg.: 13. S. n. Trinitatis 1946 = Sonntag, 15.9.1946.
[69] Anm. Hg.: 21. S. n. Trinitatis 1946 = Sonntag, 10.11.1946.
[70] Anm. Hg.: 1. und 2. Advent 1946 = Sonntage, 1.12.1946 und 8.12.1946.

- Auch in den Bibelstunden wurden die zur Erklärung der Lieder gegebenen Meditationen an vielen Orten benutzt.

- Vorträge wurden an folgenden Orten gehalten:

  o In Leutershausen sprach am 3.3. abends im fast voll besetzten Gemeindesaal Herr Prof. D. Dr. Trillhaas aus Erlangen über »Luthers Tod und Vermächtnis«,

  o in Buch sprach der Ortspfarrer am Nachmittag des 17.2. über »Luthers Bibelübersetzung«,

  o in Oberdachstetten hielt ebenfalls der Ortspfarrer den im ABl.[71] abgedruckten Vortrag von Herrn Prof. von Löwenich in freier Wiedergabe.

  o In Weißenkirchberg sprach der Ortsgeistliche über »Das Vermächtnis Luthers an seine Christenheit«.

- Auch die Kirchenchöre traten an verschiedenen Orten in Tätigkeit.

- Die Gottesdienste waren allenthalben sehr gut besucht und zeugten davon, daß durch das Jubiläum den Gemeinden manche Anregung gegeben worden [ist].

---

[71] Anm. Hg.: ABl. = Amtsblatt.

Jahr 1947

Das Jahr 1947 war das Jahr der großen Trockenheit. Den ganzen Sommer hat es kaum geregnet, so daß nach der Heuernte, die noch einigermaßen zufriedenstellend war, die Wiesen allmählich ganz braun dalagen. Die Wälder sind teilweise vertrocknet, so daß im darauffolgenden Winter viel Holz geschlagen werden mußte, das dürr geworden war. Die Wiesen und Abhänge waren so verbrannt, daß man nur schwer mehr glauben konnte, daß sie sie im nächsten Frühjahr noch einmal zu Leben erwachen würden.

In diesem Jahr wurden auch die beim Bombenangriff 1945 zerstörten Kirchenfenster zum großen Teil wieder hergestellt, und zwar durch den Glasermeister Schnürlein von Ansbach. Für die Zuteilung von Glas und Blei hatte sich der Landtagsabgeordnete Gg. Mack[72] von Auerbach verwendet. So war die Arbeit, die Schnürlein mit großer Sachkenntnis ausführte, bis zum Reformationsfest zum großen Teil vollendet. Ein paar Fenster des Chores konnten erst nach der Währungsumstellung 1948 eingeglast werden.

Am 21. n. Trin.[73] konnte der Gemeinde mitgeteilt werden, daß zwei von den nach Ostern 1942 abgenommenen Glocken wieder

---

[72] Anm. Hg.: Georg Mack, *15.05.1899, +12.10.1973, beides in Auerbach / Colmberg, Landwirt, Kaufmann, Bürgermeister, Mitglied des Landtags 16.12.1946 bis 03.12.1970. BAYERISCHER LANDTAG ONLINE, Artikel: »Georg Mack«. URL: www.bayern.landtag.de/abgeordnete/abgeordnete-von-a-z/profil/georg-mack (Stand: 17.11.2023).

[73] Anm. Hg.: 21. S. n. Trinitatis 1947 = Sonntag, 26.10.1947.

heimgekehrt seien. Die eine, die A-Glocke, wurde wieder auf den Turm zurückgebracht. Die ganz kleine Glocke wurde später leihweise der Stadt zur Verwendung als Schlagglocke auf dem Oberen Turm überlassen. Die zwei großen Glocken, die auch in Hamburg im großen Glockenlager waren, wurden bei einem Fliegerangriff 1945 durch die Engländer vernichtet. Ein Bruchstück der großen Glocke wurde mit der Erkennungsnummer im Glockenschutt gefunden.

An besonderen Veranstaltungen war das Jahr ziemlich reich.

- Am 1. n. Epiph.[74] hielt Herr Miss.-Inspektor Lörner von der christl. Blindenmission einen Vortrag über »Christen und Mohammed«.
- Ein Landesjugendtag wurde gefeiert, an dem KR Eckardt - Ansbach predigte und Pfr. Fikenscher von dort einen Vortrag hielt.
- Am Bezirksjugendtag 1947, der in Colmberg stattfand, predigte der Bezirksjugendpfarrer F. Nörr von Weißenkirchberg.
- Der hiesige CVJM führte 2mal das Stück auf »Gottes Mühlen mahlen langsam« auf, das jedes Mal ein voller Erfolg war.
- Vom 6.–11.7. hielt der vom Amt für Volksmission verpflichtete Redner Eb. Schapitz 6 Vorträge.
- Während der Opferwoche fanden abends immer Gebetsgottesdienste statt.

---

[74] Anm. Hg.: 1. S. n. Epiphanias 1947 = Sonntag, 12.1.1947.

- Die Lebensmittelsammlung wurde wie alljährl. an den Mütterdienst weitergegeben.
- Am Montag nach dem 20. n. Trin.[75] wurde durch Herrn KMD Prof. Kempff - Erlangen im Lutherhaus »Schuberts kleine Nachtmusik« vorgeführt.
- Am Reformationsfest wurde auf einem Gemeindeabend im Lutherhaus das Spiel »Um den Glauben« aufgeführt, in dem das Schicksal der Salzburger Emigranten gezeigt wurde.
- Herr Prof. Lic. Kinder - Heilsbronn sprach über »Die Reformation Luthers und die evang. Kirche«.
- Am 2. Advent[76] predigte Herr OKR Koch - Ansbach auf einem Kirchentag in der hiesigen Kirche und begrüßte die Herren des Kirchenvorstandes.
- Zwischen dem 3. und 4. Advent[77] hielt der Neuendettelsauer Volksmissionspfarrer Kleinknecht eine sehr gut besuchte Bibelwoche über die 10 Gebote ab.

Anfang des Jahres erhielt Pfr. Fries dahier ein Predigtverbot von der Militärregierung wegen seiner ehemaligen Zugehörigkeit zu den Deutschen Christen, zu denen er nur kurze Zeit bis 1934 sich rechnete. Vom Buß- und Bettag ab wurde ihm die Predigt wieder gestattet bis zur endgültigen Entscheidung des Berufungsausschusses.

---

[75] Anm. Hg.: 20. S. n. Trinitatis 1947 = Sonntag, 19.10.1947.

[76] Anm. Hg.: 2. Advent 1948 = Sonntag, 5.12.1948.

[77] Anm. Hg.: 3. und 4. Advent 1948 = Sonntage, 12.12.1948 und 19.12.1948.

Jahr 1948

Das Jahr 1948 ist das Jahr der Währungsreform. Das bedeutet auch für unsere Gemeinde eine große Einbuße. Wenn man zuerst gehofft hatte, daß wenigstens die kirchlichen Gelder von der Entwertung ausgenommen werden, so war man bitter enttäuscht, daß auch die Gelder der Kirche 10:1 abgewertet wurden, während das Vermögen der Juden 1:1 behandelt wurde. Eine Folge der Abwertung war nun die große Not, die bei allen Werken der Kirche, besonders bei der Inneren Mission einsetzte. Um ihr zu steuern, wurde im Herbst, hier ab 24. n. Trin.[78], das Notopfer eingeführt, durch das die ärgste Not gewendet werden sollte. In unserer Gemeinde sind es vor allem die Konfirmanden, die diesen Dienst tun.

Am 24. n. Trin. konnte auch die wieder heimgekehrte Glocke auf dem Turm das erste Mal in Betrieb genommen werden. Sie wurde im Gottesdienst in einer kleinen Feier ihrem Dienst übergeben.

Besondere Veranstaltungen:

- Invokavit[79]: Vortrag im Lutherhaus von Prof. Kinder in Neuendettelsau über »Die Ordnung der evang.-luth. Kirche in Deutschland«.
- Oculi[80]: Missionar Pätzig – Rummelsberg: »Äußere Mission«.

---

[78] Anm. Hg.: 24. n. Trin.1948 = Sonntag, 7. November 1948.

[79] Anm. Hg.: Invokavit 1948 = Sonntag, 15. Februar 1948.

[80] Anm. Hg.: Oculi 1948 = Sonntag, 29. Februar 1948.

- Mo. und Die. nach Judica[81]: Jugendpflegerin aus Nürnberg kommt zu den Mädchengruppen.
- Judica[82]: Vortrag des Dekans an einem Männerabend über »Sundar Singh«[83].
- 5. n. Trin.[84]: Bezirksjugendtag in Obersulzbach.
- Erntedankfest[85]: Inn. Missions-Film »Einer trage des andern Last«.
- Reformationsfest[86]: Pfr. Winter - Dietenhofen, Vortrag »Luther und der Bauernkrieg, mit Beziehung auf die Bauern der Gegenwart«.
- 1.12. Vortrag von Dr. Schapitz: »Die Atombombe und das Ende der Welt«.
- 5.–12.12. Bibelwoche von Kirchenrat Eckardt - Ansbach über die ersten 11 Kapitel der Bibel.

Seit etwa 1925 war es eingeführt worden, daß die Gemeinde beim Altargottesdienst bis zum Gebet sitzt. Von Lätare[87] 1948 an wurde

---

[81] Anm. Hg.: Mo. und Die. nach Judica 1948 = Montag, 15. und Dienstag, 16. März 1948.

[82] Anm. Hg.: Judica 1948 = Sonntag, 14. März 1948.

[83] Anm. Hg.: Sadhu Sundar Singh, *1888, ein indischer, umherziehender Christ (Sadhu = guter / heiliger Mann, im Hinduismus Oberbegriff für aus religiösen Gründen streng asketisch lebende Menschen bzw. Mönche. WIKIPEDIA.ORG, Artikel: »Sundar Singh«. URL: wikipedia.org/wiki/Sundar_Singh (Stand: 17.11.2023).

[84] Anm. Hg.: 5. S. n. Trinitatis 1948 = Sonntag, 27. Juni 1948.

[85] Anm. Hg.: Erntedank 1948 = Sonntag, 3. Oktober 1948.

[86] Anm. Hg.: Reformationsfest 1948 = Sonntag, 31. Oktober 1948.

[87] Anm. Hg.: Lätare 1948 = Sonntag, 7. März 1948.

dieser unschöne Brauch abgeschafft. Seitdem erhebt sich die Gemeinde gleich beim Beginn des Altargottesdienstes.

Am 24. n. Trin.[88] waren auch die Glaserarbeiten von Schnürlein - Ansbach am Chor der Kirche beendet worden.

Um die Weihnachtszeit begann eine Sammlung von Lebensmitteln für die in Ansbach durchreisenden Heimkehrer. Sie wurde des Öfteren an die Stadtmission Ansbach abgeliefert.

---

[88] Anm. Hg.: 24. S. n. Trinitatis 1948 = Sonntag, 7. November 1948.

Jahr 1949

In diesem Jahr wurde der Plan gefaßt, sich an dem vom Evang. Hilfswerk in Nürnberg ins Leben gerufenen Siedlungswerk zu beteiligen. Bürgermeister Schultheiß und der Dekan nahmen an einer in Ansbach vom Siedlungswerk zusammengerufenen Versammlung teil. Am 7. n. Trin.[89] wurde von der Kanzel bekannt gegeben, daß die Siedlungswilligen sich im Dekanat oder beim Stadtrat melden sollten. Im Jahr 1949 ist es leider noch zu keinem Siedlungshaus gekommen, weil alles noch zu wenig vorbereitet war. Es mußte erst das Siedlungsgelände nach Wiedersbach zu von den einzelnen Eigentümern, deren es sehr viele waren, durch die Stadt aufgekauft werden.

Am 8. n. Trin.[90] wurde die Ansbacher Zeitung der Gemeinde empfohlen, die als einzige evang. Zeitung ins Leben gerufen war. Sie fand hier etwa 100 Leser.

Am Erntedankfest[91] konnte der Gemeinde mitgeteilt werden, daß auf Rückkehr der alten Glocken keine Hoffnung mehr bestünde, daß also nichts anderes übrigbleibe, als für neue eine Sammlung zu veranstalten. Die Haussammlung für dieselbe betrug dann etwa 5½ Tausend DM. Der Preis der Glocken war von der Firma

---

[89] Anm. Hg.: 7. S. n. Trinitatis 1949 = Sonntag, 31. Juli 1949.

[90] Anm. Hg.: 8. S. n. Trinitatis 1949 = Sonntag, 7. August 1949.

[91] Anm. Hg.: Erntedankfest 1949 = Sonntag, 2. Oktober 1949.

Schilling − Heidelberg auf ca. 10 000,-- DM veranschlagt. Besondere Veranstaltungen in diesem Jahr:

- 4. n. Epiph.[92] Missionsvortrag von Pfr. Ruf – Herbolzheim: »Christus in den Kriegswirren Chinas«.
- Reminiscere[93]: Prof. Kinder: »Bethel - die Stadt der Barmherzigkeit«, Vortrag im Lutherhaus.
- Donnerstag nach Misericordias[94]: Miss.-Inspektor Vicedom: »Fünf Jahre bei einem neuentdeckten Volk im Innern Neuguineas« – ein Lichtbildvortrag.
- An Cantate[95]: 25jähriges Jubiläum des hiesigen CVJM.
- An Pfingsten[96] singt Prof. Kempff Schubertlieder im Lutherhaus.
- 3. n. Trin.[97] wiederholt die Mädchengruppe das Spiel »Pechvogel und Glückskind«.
- 4. n. Trin.[98] Bezirksmissionsfest 1949. Vorm. Predigt von Miss. Pätzig, nachm. Papuaspiel von D. Keyßer unter Mitwirkung des Muschelchors[99]. Abends: Pätzig: »Das Evangelium unter den Massai«.

---

[92] Anm. Hg.: 4. S. n. Epiphanias = Sonntag, 30. Januar 1949.

[93] Anm. Hg.: Reminiscere 1949 = Sonntag, 13. März 1949.

[94] Anm. Hg.: Donnerstag nach Misericordias 1949 = Donnerstag, 5. Mai 1949.

[95] Anm. Hg.: Cantate 1949 = Sonntag, 15. Mai 1949.

[96] Anm. Hg.: Pfingsten 1949 = Sonntag, 5. Juni 1949.

[97] Anm. Hg.: 3. S. n. Trinitatis 1949 = Sonntag, 3. Juli 1949.

[98] Anm. Hg.: 4. S. n. Trinitatis 1949 = Sonntag, 10. Juli 1949.

[99] Anm. Hg.: »1925 gründete der Neuendettelsauer Missionar Heinrich Zahn den ersten Muschelchor in Hopoi/Neuguinea. Zahn hatte beobachtet, dass

- 17. n. Trin.[100] Fahrt der Frauen und Mütter nach Stein zur Besichtigung des Mütterheims. Freie Fahrt und freie Bewirtung.
- 20. n. Trin.[101] Windsbacher Knabenchor singt unter Leitung von Kantor Thamm.
- Reformationsfest[102]: Prof Wittenberg – ND[103]. Vortrag: »Luther und die Katastrophen unserer Zeit«.
- Letzter Sonntag[104]: Miss. Flierl: Lichtbildervortrag über Neuguinea.
- Donnerstag nach Advent[105]: CVJM spielt »Die kleinen Verwandten« von L. Thoma.

---

die Einheimischen durch Blasen auf der Schale der Tritonschnecke Signale kilometerweit weitergaben. Bei einem Todesfall benachrichtigte man die umliegenden befreundeten Dörfer mit lang gezogenen Muscheltönen, bei Bedrohung durch Feinde rief man die Freunde mit kurzen Tönen zu Hilfe.« Habewind Informationsdienst vom 15. April 2015.« HABEWIND INFORMATIONSDIENST, 1865 – 2015 Posaunenchöre Neuendettelsau. Feiern zum 150-jährigen Jubiläum haben begonnen. URL: habewind.de/1865-2015-posaunenchoere-neuendettelsau/ (Stand: 17.11.2023).

[100] Anm. Hg.: 17. S. n. Trinitatis 1949 = Sonntag, 9. Oktober 1949.

[101] Anm. Hg.: 20. S. n. Trinitatis = Sonntag, 30. Oktober 1949.

[102] Anm. Hg.: Reformationsfest 1949 = Montag, 31. Oktober 1949.

[103] Anm. Hg.: ND = Neuendettelsau. Martin Wittenberg: Augustana-Hochschule, Professor für Altes Testament und Liturgik/Hymnologie von 1950 bis 1973.

[104] Anm. Hg.: Letzter Sonntag des Kirchenjahres 1949 = Sonntag, 20. November 1949.

[105] Anm. Hg.: Donnerstag nach Advent 1949 = Donnerstag, 1. Dezember 1949.

Jahr 1950

Im Frühjahr 1950 konnte für das angesammelte Glockengeld das Glockenmetall gekauft werden bei der Fa. Schilling in Heidelberg. Das kg kostete 3,15 DM, also ein sehr niedriger Preis. Durch Gottes Güte konnte die Gemeinde das Metall zu einer Zeit kaufen, wo es am billigsten war. Schon kurze Zeit danach begann es infolge der in der westlichen Welt beginnenden Aufrüstung im Preis immer mehr zu steigen.

Was das innere Leben der Gemeinde betrifft, so war das Jahr vor allem ausgezeichnet durch zwei Evangelisationswochen.

- Die erste hielt Pfr. Preiser, vom Evang. Jugendwerk für Jugendevangelisationen verpflichtet. Seine Vorträge, die von Septuagesimä bis Sexagesimä[106] dauerten, begannen im großen Lutherhaussaal, mußten aber dann in die Stadtkirche vom Mittwoch[107] ab verlegt werden, da der Andrang ungeheuer war. Auch sehr viele Katholiken nahmen an den Vorträgen teil.
- Die zweite Woche hielt Herr Volksmissionar Neuschütz vom 23. / 24. n. Trin.[108] Er hatte im Lutherhaus einen meist vollen Saal. Seine Gabe ist nicht Bibelerklärung, sondern

---

[106] Anm. Hg.: Septuagesimä bis Sexagesimä 1950 = von Sonntag, 5. Februar bis Sonntag, 12. Februar 1950.

[107] Anm. Hg.: Mittwoch = 8. Februar 1950.

[108] Anm. Hg.: 23. bis 24. S. n. Trinitatis 1950 = von Sonntag, 12. November bis Sonntag, 19. November 1950.

Evangelisation. Auch er hat die meisten seiner Zuhörer zu packen gewußt.

Sonstige Veranstaltungen:

- Epiphanias[109]: Vortrag eines Mitarbeiters der chr. Orientmission über die Arbeit in Persien.
- Estomihi[110]: Tag des Martin-Luther-Vereins mit Predigt von Prof. Wittenberg. Abends Vortrag von Wittenberg und Pfr. Ammon − Ansbach über »Die Diaspora der Oberpfalz und ihr Ringen in 400 Jahren.
- Reminiscere[111]: Windsbacher Knabenchor unter Kantor Thamm singt die Matthäuspassion von Schütz.
- Donnerstag nach Misericordias[112]: CVJM - Farbfilm »Der Herr der Schöpfung«.
- Jubilate[113]: Spiel der Gemeindejugend »Die Troßbuben«.
- Der Bezirksjugendtag in Geslau 1950, der wieder wie alle Jugendtage sehr gut besucht war, brachte eine schöne Bibelarbeit von Pfr. Bammessel und eine Wiederholung des genannten Spiels.
- Am Bezirksmissionsfest war Missionssenior D. Gutmann (Leipziger Mission) der Prediger. Nachm. und abends von ihm Vorträge über »Afrika in Bewegung. Was ist sein Ziel?«

---

[109] Anm. Hg.: Epiphanias 1950 = Freitag, 6. Januar 1950.

[110] Anm. Hg.: Estomihi 1950 = Sonntag, 19. Februar 1950.

[111] Anm. Hg.: Reminiscere 1950 = Sonntag, 5. März 1950.

[112] Anm. Hg.: Donnerstag nach Misericordias 1950 = Donnerstag, 27. April 1950.

[113] Anm. Hg.: Jubilate 1950 = Sonntag, 30. April 1950.

und »Was schafft und erhält lebendige Gemeinde in Afrika und Europa?« Besuch leider jedes Mal sehr schlecht.

- Am 6. n. Trin. 1950[114] fand hier Bezirkssynode statt mit einem Vortrag von Pfr. Jahn - Flachslanden über ein Gebiet der kirchl. Lebensordnung, die Taufe.
- Reformationsfest[115]: Vortrag von Prof. Wittenberg: »500 Jahre fränkisches Kirchenlied«.
- Mittwoch vor Advent[116]: »Das Hiobsspiel« von Berufsschauspielern.
- 3. Advent[117]: »Weihnachtliche Chormusik« von KMD Thamm - Windsbach mit seinem Knabenchor.

Im Lauf des Jahres wurden an die Mecklenburger Patengemeinde Güstrow sehr viele Lebensmittelpakete geschickt, die dort mit großem Dank empfangen wurden.

Im August waren einige evang. Flüchtlingskinder aus dem Bayer. Wald in der hiesigen Gemeinde untergebracht.

Im Lauf des Sommers wurde das durch viele Kriegsverwendungen etc. sehr bußwürdig gewordene Lutherhaus, das auch der kath. Gemeinde als Gottesdienstraum diente, um 1577 DM wiederhergestellt.

---

114 Anm. Hg.: 6. S. n. Trinitatis 1950 = Sonntag, 16. Juli 1950.

115 Anm. Hg.: Reformationsfest 1950 = Dienstag, 31. Oktober 1950.

116 Anm. Hg.: Mittwoch vor Advent 1950 = Mittwoch, 29. November 1950.

117 Anm. Hg.: 3. Advent 1950 = Sonntag, 17. Dezember 1950.

Jahr 1951

An Ostern[118] konnten endlich nach langem Warten die beiden neuen Glocken eingeweiht werden. Ihr schöner Klang fand allgemeinen Anklang. Kosten circa 11 000 DM.

An Septuagesimä[119] führte der CVJM das Spiel »Die neue Heimat« im Lutherhaus auf.

An Invokavit[120] berichtete Prof. Kinder über seine Amerika-Reise.

Am Dienstag nach Rogate[121] zeigte Missionar Waldner von der Brüdergemeinde Bilder von ihrer Arbeit am Tanganjikasee.

An Pfingsten[122] gab Thamm und der hiesige Kirchenchor eine geistliche Abendmusik.

Seit Frühjahr bezog die katholische Gemeinde ihr eigenes Kirchlein für ihre Gottesdienste. Dieses wurde am 11. n. Trin., 5.8., durch Erzbischof Dr. Kolb − Bamberg eingeweiht. Die kath. Gemeinde umfasst etwa 12-1300 Seelen, haupts. Flüchtlinge.

---

[118] Anm. Hg.: Ostern 1951 = Sonntag, 25.3.1951.

[119] Anm. Hg.: Septuagesimä 1951 = Sonntag, 21.1.1951.

[120] Anm. Hg.: Invokavit 1951 = Sonntag, 11.2.1951.

[121] Anm. Hg.: Rogate 1951 = Sonntag, 29.4.1951.

[122] Anm. Hg.: Pfingsten 1951 = Sonntag, 13.5.1951.

Jahr 1952

Das Jahr 1952 ist besonders bemerkenswert durch die in demselben durchgeführte Kirchenrenovation. Ein Bild der nicht veränderten Kirche liegt bei.[123] Im Jahre 1952 wurden für die Erneuerung der Kirche ca. 14 000,-- DM aufgewendet. Zwei Sammlungen wurden durchgeführt, eine durch den Dekan persönlich, die etwa 5 000, - DM ertrug, und eine andere durch die 10 Kirchenvorsteher, die etwa 4 000,-- DM einbrachte. 3 000,-- DM steuerte der Landeskirchenrat München aus Umlageanteilen bei, ca. 2 000,-- DM leistete die Kirchengemeindekasse. Die Arbeiten leitete Her Regierungsbaumeister Architekt Braun – Neuendettelsau. Er machte den Versuch, die im Jahre 1880 und vorher neugotisch gestaltete Kirche wieder auf ihren frühgotischen Charakter zurückzuführen. Es wurde zunächst einmal die Decke neu gestrichen und so viel ruhiger gestaltet. Die Wände, die im Lauf der Jahre ganz dunkel geworden waren, wurden neu getüncht. Die Säulen mit den Arkaden wurden von dem sehr dick aufgetragenen Mörtel befreit, so dass der Naturstein zum Vorschein kam. Auf den Säulen zeigten sich noch alte Gemälde aus der Mitte des 14. Jahrhunderts. Auf allen Säulen zeigten sich noch Spuren früher Bemalung. Zu erkennen ist aber nur die Kreuzigungsgruppe an der ersten Säule. Die Kanzel wurde fast völlig neu gestaltet, ebenso der Kanzeldeckel, auf dem ein neugotisches Türmlein angebracht war. Die Figuren auf der Kanzel wurden

---

[123] Anm. Hg.: Das Bild wurde vom Hg. nicht aufgefunden.

durch Bildhauer Traxler - Kapsdorf bei Schwabach gefertigt. Das Gestühl wurde durch Frauen und Mädchen der Gemeinde vollständig abgebeizt. Die Nummerntafeln wurden neu hergestellt, ebenso die Beleuchtungskörper durch schönere ersetzt. Bei der Entfernung des Mörtels an den Säulen zeigte sich, daß die Kanzel vor 1880 an der zweiten Säule vom Altar an der Südseite angebracht war. Schon vor 1880 hat die Kirche Seitenschiffe gehabt, wenn sie auch allmählich zu schmal und deshalb durch die größeren jetzigen ersetzt wurden. Der Turm ist der älteste Bestandteil der Kirche. Er mag etwa, nach den romanischen Säulen im oberen Stockwerk zu schließen, aus dem 11. oder 12. Jahrhundert stammen. Der Turm ist ursprünglich viel tiefer gesessen und ist dann später innen und außen aufgefüllt worden. Die Auffüllung mag etwa 2–3 m betragen. Im Jahre 1517 ist der Turm durch Blitzschlag ausgebrannt. Die Säulen im Turm sind ursprünglich ein Stockwerk tiefer gesessen, wie die zugemauerten Fenster am Turm zeigen. Das obere Stockwerk ist erst ca. 1880 aufgebaut worden mit seiner hohen Spitze. Die Uhr kam erst ca. 1900 auf den Turm. Das Mittelschiff ist etwa um 1350 gebaut, der Chor um 1430.

Auch die vier Gedenktafeln an die Gefallenen der letzten Kriege sind, nach den Angaben von Architekt Braun aus Solnhofer Platten, in die die Schrift eingeätzt ist, in diesem Jahr 1952 an der Wand angebracht worden. Das Kruzifix, das sie überragt, soll nach dem Gutachten eines Professors vom Amt für Denkmalpflege aus dem 14. Jahrh. stammen. Es war mit vielen Farbschichten übermalt und ist von der Firma Wiedl - Nürnberg, die auch die Kirche ausmalte, restauriert worden. Es befand sich vorher im Kapitelsaal.

Anstelle des hölzernen Taufsteines, der im Eingang des Chores aufgestellt war, wurde ein steinerner beschafft, der vor den Stufen zum Chor aufgestellt ist. Er ist von dem Steinbruchbesitzer und Synodalen Dürr in Haag bei Geiselwind im Steiger Wald gearbeitet worden. Am Ewigkeitssonntag, dem 23.11.1932, wurde der Taufstein durch Herrn OKR Bezzel - München geweiht und zugleich im Hauptgottesdienst das erste Kind Elfriede Hummel von Clonsbach getauft.

Zwischen 23. und 30. November hielt Herr KR Eckardt - Ansbach die Bibelwoche über 1. Kor. 15.[124]

---

[124] Anm. Hg.: 1. Kor. 15: »Wir würden dann auch als falsche Zeugen Gottes befunden, weil wir gegen Gott bezeugt hätten, er habe Christus auferweckt, den er nicht auferweckt hätte, wenn doch die Toten nicht auferstehen.«

Jahr 1953

Im Verhältnis zu dem durch die Kirchenrenovierung stark belasteten Jahr 1952 zeigte das Jahr 1953 einen ruhigen Verlauf.

Es begann mit einer Chorleitersingwoche im Lutherhaus vom 1. bis 3. Januar, die einen schönen, auch für die Gastgemeinde gesegneten Verlauf nahm.

Am Sonntag Sexagesimä[125] wurde hier der Missionsfilm »Station Afrika« gezeigt.

Lätare[126] predigte hier zum letzten Mal Herr Prof. Dr. Kinder - Neuendettelsau, der der Gemeinde schon früher mit Vorträgen und Predigten gedient, vor seinem Wegzug nach Münster.

Judika[127] hielt Herr Prof. Wittenberg - Neuendettelsau in einem Gemeindeabend einen Vortrag über »E. M. Arndt, einem deutschen Bauernsohn, im Kampf um Freiheit, Heimat und Glauben«.

An Cantate[128] Volksmissionspfarrer F. Schmidt - Neuendettelsau über »Eheglück und Ehenot«.

---

125 Anm. Hg.: Sexagesimä 1953 = Sonntag, 8.2.1953.
126 Anm. Hg.: Lätare 1953 = Sonntag, 5.3.1953.
127 Anm. Hg.: Judika 1953 = Sonntag, 22.3.1953.
128 Anm. Hg.: Cantate 1953 = Sonntag, 3.5.1953.

Am Reformationsfest[129] nochmals Prof. Wittenberg über die 95 Thesen.

Am 24. n. Trin. [130] wurde im Lutherhaus der Lutherfilm vorge-führt »Der gehorsame Rebell«.

Zwischen 2. und 3. Advent[131] hielt Pfr. Dr. Ammon - Ansbach (dann Burgbernheim) die Bibelwoche über den Jakobusbrief.

---

[129] Anm. Hg.: Reformationsfest 1953 = Samstag, 31.10.1953.

[130] Anm. Hg.: 24. S. n. Trinitatis 1953 = Sonntag, 15.11.1953.

[131] Anm. Hg.: 2. und 3. Advent 1953 = Sonntage, 6.12.1953 und 3.12.1953.

Jahr 1954

Das Jahr 1954 ist dadurch bedeutsam geworden, daß das sog. Kapellenschulhaus von der Kirchengemeinde käuflich erworben wurde. Der Schulgemeinde wurden dafür 5000,-- DM gezahlt. Es sollte der Gemeinde dienen als Versammlungsraum für die weibliche Jugend, für den Mütterkreis, für Bibelstunden und sonstige kleinere Veranstaltungen. Der Keller soll als Holz- und Kohlenschupfen für die Kirche verwendet werden, sowie als Abstellraum für die Kirche. Dazu mußten verschiedene Veränderungen an dem Hause vollzogen werden. Auf Anordnung des Kaminkehrermeisters mußte ein neuer Kamin eingebaut werden. Die Stiege und der Fußboden mußten erneuert werden, neue Tische und 50 Stühle mußten angeschafft werden. Alle Neuanschaffungen und Veränderungen zusammen beliefen sich auf 4000,-- DM. Am Sonntag Sexagesimä[132] wurde durch KR Blendinger in einer nachmittägigen Feierstunde der Saal in Vertretung des Kreisdekans eingeweiht. Dabei wurde auch der interessanten Geschichte des Hauses gedacht. Das Haus, ursprünglich der Familie Seckendorf in Jochsberg gehörig, stand an die Stadtmauer gelehnt als einziges Häuslein auf dem großen alten, bis 1542 benutzten Friedhof. Die Häuserzeile vom Dekanat über das 2. Pfarrhaus bis zu den Gebäuden der Brauerei »Krone« steht ganz auf dem Platz des alten Friedhofs. Die große Kirche auf diesem weiten Gottesacker muß einen schönen Anblick geboten

---

132 Anm. Hg.: Sexagesimä 1954 = Sonntag, 14. Februar 1954.

haben. Das Haus wurde dann 1444 als Kapelle eingeweiht. Vielleicht ist es eine zweistöckige Kapelle gewesen, da sowohl der Keller wie das ursprünglich als Tonnengewölbe gebaute Dach auf gottesdienstliche Räume hinweisen. Nach kurzer Benutzung als Kapelle wurde es bald als Beinhaus verwendet. Daher die Sage, es gehe in diesem Hause um. Von der Reformationszeit ab wurde es dann vom Markgrafen als Zehntscheuer benutzt, bis das jetzige Landgericht diesem Zwecke zugeführt wurde. Dann gebrauchte es der Dekan für seine Getreidebesoldung, bis es 1824 als Schulsaal eingerichtet wurde. 1¼ Jahrhunderte hat es diesen Dienst der Gemeinde getan, bis es durch den Bau des neuen Schulhauses dafür nicht mehr benötigt wurde.

Estomihi[133] führte die hiesige männliche und weibliche Jugend im Lutherhaus unter großer Beteiligung der Gemeinde das Spiel auf »Ali Baba und die 40 Räuber«.

Reminiscere[134] fand ein Lichtbildervortrag über die Mission in Neuguinea statt.

Am 17. n. Trin. [135] wurden Lichtbilder über Bethel gezeigt.

Am Reformationsfest[136] sprach Pfr. Eckstein - Heilsbronn sehr anschaulich und packend über »Luther und die Welt von heute«.

---

[133] Anm. Hg.: Estomihi 1954 = Sonntag, 28.2.1954.

[134] Anm. Hg.: Reminiscere 1954 = Sonntag, 4.3.1954.

[135] Anm. Hg.: 17. S. n. Trinitatis 1954 = Sonntag, 10.10.1954.

[136] Anm. Hg.: Reformationsfest 1954 = Sonntag, 31.10.1954.

Am Ewigkeitssonntag[137] veranstaltete die weibliche Jugend das sehr ernste Spiel »Die zehn Jungfrauen« in der Kirche, wobei Pfr. Seiler - Ansbach Sologesänge zur Orgel darbot.

Vom Donnerstag nach dem Ewigkeitssonntag bis Mittwoch nach Advent[138] hielt Pfr. F. Schmidt - Neuendettelsau die Bibelwoche über Gleichnisse Jesu.

Auch im abgelaufenen Jahr wurde an der männlichen und weibl. Jugend gearbeitet.

- Der CVJM hat nach dem Zusammenbruch 1945 wieder die Arbeit an der männl. Jugend aufgenommen, die im 3. Reich als Vereinsarbeit nicht mehr gestattet war und deshalb vom Pfarramt in Form der Gemeindejugendarbeit weitergeführt wurde.

- Die Arbeit der weiblichen Jugend wurde in vier Gruppen geführt. Frau Dekan Blendinger, eine Lehrerin, die Kindergärtnerin und ihre Helferin haben je eine Gruppe betreut.

Der Mutterkreis, der in den Wintermonaten alljährlich alle 14 Tage zusammenkam, ist allmählich auch über 60 Teilnehmer angewachsen. In Bibelarbeiten und Ansprachen über Anliegen der Frau als Mutter und Erzieherin wuchs der Kreis fest zusammen. Er stand

---

[137] Anm. Hg.: Ewigkeitssonntag 1954 = Sonntag, 21.11.1954.
[138] Anm. Hg.: Mittwoch nach (1.) Advent 1954 = Mittwoch, 1.12.1954.

unter Leitung von Frau KR Blendinger, die mit großer Liebe diese Arbeit in Verbindung mit dem Bayer. Mütterdienst in Stein tat.

Auch Bibelstunden in den Außenorten (Clonsbach, Lenzersdorf, Winden, Mittelramstadt, Erlbach, Büchelberg) wurden in den letzten Wintern wieder in gewohnter Weise gehalten.

gez. KR Blendinger

II. Kirchenkampf 1934–1937

Von Dekan Gottfried Blendinger[139]

Abb. 1: Julius Küspert, Dekan 1924-1934

Der Kampf der Kirche in Deutschland hat auch hierher in unser stilles Städtlein seine Wellen geschlagen. Unter der Leitung von Dekan Küspert[140] war die Gemeinde von allem Anfang an fast geschlossen hinter dem bayr. Kirchenregiment gestanden.

Schwierig wurde die Lage erst, als Pfarrer Fries[141] sich auf die Seite der »Deutschen Christen« (DC) stellte und sich durch keine Gründe von dem beschrittenen Weg abbringen ließ. Doch war sein Einfluss auf die Gemeinde nicht so stark, dass durch ihn die Geschlossenheit der Gemeinde irgendwie gelitten hätte.

---

[139] Anm. Hg.: BLENDINGER, GOTTFRIED, Bericht über den Kirchenkampf in Leutershausen, Leutershausen 1934-1937.

[140] Anm. Hg.: Julius Küspert, Dekan in Leutershausen von 1924 bis 1934.

[141] Anm. Hg.: Sigmund Fries: *4.10.1884 in Augsburg. Ordination 17.12.1922. Pfarrer in Buch am Wald 1926-1933. Pfarrer in Leutershausen 1933-1948. Pfarrer in Hechlingen Mittelfranken 1954. +26.5.1972 in Augsburg. Verheiratet mit Berta Fries, geb. Schneider.

Als dann am **11.10.1934** durch den Einbruch Jägers[142] in München die Lage für unsere bayr. Landeskirche kritisch wurde, gingen auch Pfr. Fries die Augen auf über die wahren Absichten der DC. Er stellte sich nun seit Herbst 1934 wieder voll und ganz auf die Seite seiner Kirche.

Auch der Kirchenvorstand trat geschlossen in seiner Sitzung vom **24.10.1934** gegen die Eingliederung der bayr. Landeskirche in die bekenntnislose Reichskirche auf. Der die Verwesung der 1. Pfarrstelle führende Kandidat Fuchshuber[143] klärte immer wieder zusammen mit Pfr. Fries und anderen die Gemeinde und den Kirchenvorstand über die kirchliche Lage auf. Der Kirch.-Vorst. erklärte seinen festen Willen, jede Aufspaltung der Gemeinde durch die DC mit allen Mitteln zu verhindern (Beschluss v. **12.4.1935**).

---

[142] Anm. Hg.: »Am 11. Oktober 1934 besetzten Nationalsozialisten unter Leitung des ›Rechtswalters‹ August Jäger das Münchner Landeskirchenamt. Jäger erklärt den abwesenden Landesbischof Hans Meiser für abberufen. Den anwesenden Oberkirchenräten, die sich entschieden gegen den Übergriff zur Wehr setzen, wird mitgeteilt, sie seien beurlaubt und hätten Redeverbot. Erst nach kirchlichen Massenprotesten von Pfarrern und Hunderten von Kirchenvorstehern, von denen viele aus Franken angereist sind, wird der Hausarrest für den Landesbischof einige Tage später aufgehoben.« EVANGELISCH-LUTHERISCHE KIRCHE IN BAYERN, Vom Landeskirchenrat zum Landeskirchenamt. URL: landeskirche.bayern-evangelisch.de/geschichte-des-landeskirchenamtes.php (Stand: 16.08.2022).

[143] Anm. Hg.: Wer war das? Was ist bekannt über seine Tätigkeit in Leutershausen?

Zugleich wurde abgelehnt, eine Bekenntnisgemeinde zu gründen mit Rücksicht auf die Erhaltung des Friedens in der Gemeinde.

Bei der Installation des am **1.4.1935** aufgezogenen neuen Dekans Blendinger hielt am Nachm. Herr Oberkirchenrat Kern aus Ansbach einen Bekenntnisgottesdienst, in dem er die Gemeinde über den Stand der kirchl. Lage aufklärte.[144]

Abb. 2: Gottfried Blendinger

Am **25.8.1935** wurde die Erklärung des Landeskirchenrats betr. die Verspottung des Landesbischofs im »Stürmer«[145] zur Verlesung gebracht.

---

[144] Anm. Hg.: Sohn H. erinnert sich: Sein Vater sei – wie die meisten bayerischen Pfarrer – Mitglied der bayerischen »Bekenntnisfront« gewesen, die sich gegen die Irrlehren der »Deutschen Christen« (DC) gestellt habe. Er sei weder der NSDAP noch ihren Unterorganisationen beigetreten. Vielmehr habe die NSDAP seine Predigten überwacht. Es sei nicht erinnerlich, ob er jemals den verpflichtenden Hitlergruß auf der Straße verwendet habe. BLENDINGER, HERMANN, Ein Unheld im Zweiten Weltkrieg, 13

[145] Anm. Hg.: »Der Stürmer […] kritisierte im Jahr 1935 den ›Judenfreund‹ Meiser und schrieb: ›Und ebenso leid tut es uns, dass der Herr Landesbischof Meiser nach dem Urteil Luthers zusammen mit den Juden in die Hölle kommt.‹« WIKIPEDIA.ORG, Artikel: »Hans Meiser (Bischof)« (Betr: Der Stürmer, August 1935, Nr. 32). URL: wikipedia.org/wiki/Hans_Meiser_(Bischof) (Stand: 17.11.2023).

Trotz aller Bemühungen des Kirchenvorstands konnte doch nicht verhindert werden, dass auf Betreiben des Studienraths Bub[146] - Nürnberg, der anlässlich einer Beerdigung hier weilte, durch den damals 18jähr. Stadtsekretärsanwärter Hans Seyerlein hier im Kronenwirtskeller mit Herrn Pfr. Fuchs - Ansbach als Redner eine DC-Gruppe sich gründete, der etwa 30 Mitglieder sich anschlossen. Das war am **26.9.1935**.

Eine grosse Stärkung für die Gemeinde bedeutete die Volksmissionswoche, die vom **10. bis 17.5.1936** in der Kirche durch Pfr. Eichner[147] - Feuchtwangen durchgeführt wurde und mit einem

---

146 Anm. Hg.: Gustav Bub, Dr. phil.: »geb. 1889 Nürnberg, gest. 1956, 1920 Studienrat Berufsschule Nürnberg, 1933 Titel Pfarrer, Gaugeistlicher des Stahlhelm, weltanschaulicher Schulungsleiter der NSDAP, Kreisamtsleiter, Kreisredner Stadt Nürnberg, 1936 Verbindungsmann der Reichskirchenbewegung DC, 1938 Kirchenaustritt, 1939 Lehrer für nationalpolitischen Unterricht an den höheren Schulen der Stadt Nürnberg.« WEBER, LIESA, Handlungsspielräume und Handlungsoptionen von Pfarrern und Gemeindegliedern in der Zeit des Nationalsozialismus: Eine vergleichende Studie für die Evangelisch-Lutherische Kirche in Bayern anhand der oberfränkischen Dekanate Bayreuth und Coburg (Forschungen zur Kirchen- und Dogmengeschichte) 2019, 460.

147 Anm. Hg.: Pfr. Günther Eichner (1903–1997), Pfarrer in Feuchtwangen 1931–1939, war ein entschiedener Gegner der DC-Bewegung: So erklärte er am 10. März 1937 »in der Rothenburger St.-Jakobs-Kirche, dass die DC schuld an der schwierigen Lage der evangelischen Kirche seien, ›die ihr Gift unter das deutsche Volk gebracht hätten [...]‹. Habe es vor 1933 in Deutschland 28 Landeskirchen gegeben, so seien 1937 lediglich noch drei Glaubensgesellschaften vorhanden: die Bekenntniskirche, die ›Gottgläubigen‹ und die DC. Dabei stünden die DC nicht auf ›dem Boden des Bekenntnisses‹ und die ›Gottgläubigen [...] sprächen nur von Blut, Rasse und Boden [...]‹.« BAUER, DANIEL, Die nationalsozialistische Herrschaft in Stadt und Land Rothenburg

Gottesdienst durch Herrn Landesbischof D. Meiser am **17.5.1936** nachm. ½ 3 Uhr abschloss. Eine solche Menschenmenge wie an diesem Gottesdienst versammelt war, sah unsere Kirche noch niemals. Sämtliche Gänge waren besetzt und an den Türen stand die Menschenmenge noch weit auf den Kirchenplatz hinaus. Im Dekanatshof wurde Herr Landesbischof von der Gemeindejugend mit dem Gesang des Liedes »*Zeuch an die Macht*«[148] begrüsst.

---

ob der Tauber (1933-1945). Eine regionalgeschichtliche Untersuchung (Bibliotheca Academica – Reihe Geschichte 7), Würzburg 2017, 311–312.

[148] Anm. Hg.: Text: Friedrich Heinrich Oser (1820–1891). Melodie: Melchior Vulpius (1570–1615).

[Partitur: Einschub des Hg.]

Zeuch an die Macht, du Arm des Herrn,
Noch hilfst Du Dei - nem Vol - ke gern,

wohl-auf und hilf uns strei - ten!
wie Du ge - tan vor - zei - ten.

Wir sind im Kam - pfe Tag und Nacht,

o Herr, nimm gnä - dig uns in Acht

und steh uns an der Sei - ten!

Abb. 3: Choral zur Begrüßung von Landesbischof Meiser, 17. Mai 1936

1. Zeuch an die Macht, du Arm des Herrn, wohlauf und hilf uns streiten! Noch hilfst Du Deinem Volke gern, wie Du getan vorzeiten. Wir sind im Kampfe Tag und Nacht, o Herr, nimm gnädig uns in Acht und steh uns an der Seiten!

2. Mit Dir, Du starker Heiland Du, muss uns der Sieg gelingen; wohl gilt es streiten immerzu, bis einst wir Dir lobsingen. Nur Mut, die Stund ist nimmer weit, da wir nach allem Kampf und Streit die Lebenskron erringen!

3. Drängt uns der Feind auch um und um, wir lassen uns nicht grauen; Du wirst aus Deinem Heiligtum schon unsre Not erschauen! Fort streiten wir in Deiner Hut und widerstehen bis auf's Blut und wollen Dir nur trauen!

4. Herr, Du bist Gott! In Deine Hand, o lass getrost uns fallen! Wie Du geholfen unserm Land, so hilfst Du fort noch allen, die Dir vertraun und Deinem Bund und freudig Dir von Herzensgrund ihr Loblied lassen schallen.

Sonntag, 22.11.1936:
Antwort auf die Angriffe des stellvertr. Gauleiters K. Holz in der
Versammlung vom [Samstag] 14.11.1936.[149]

»Am letzten Samstag vor 8 Tagen wurde in einer Versammlung, in der hier der stellvertr. Gauleiter Herr Karl Holz sprach, gegen die bekennende Kirche in Deutschland ein schwerer Vorwurf erhoben, der nicht unwidersprochen bleiben darf. [...] Man warf Geistlichen der bek. Kirche vor, sie hätten sich mit dem Ausland ins Benehmen gesetzt und dadurch sich des Hochverrats schuldig gemacht. [...] Ich habe hier den Wortlaut der Protestschrift der vorl. Kirchenleitung in der Hand. [...] Sie will den Führer auf die Gefahr der Entchristlichung in unserm Volk aufmerksam machen. [...]

Seite 6 kommt die Denkschrift auf den Eid zu sprechen. Dazu: Eide Menschen gegenüber [...] können dich nur binden, soweit nicht ein göttliches Gebot dagegensteht.

Seite 5, Bekenntnisschule: Bek.-Schule bedeutet, dass an unserer Schule nur Lehrer angestellt werden können, die zu unserer ev. Kirche gehören. Und wir sind dankbar, dass es so ist. [...] Was helfen dagegen die 2 Religionsstunden des Geistlichen, wenn in allen andern Stunden ein anderer Geist weht, wenn es nicht überhaupt so geht, wie in Württemberg, wo manchen Geistl. einfach das Betreten der Schule untersagt wurde, weil sie politisch nicht zuverlässig seien.

Seite 7: Die Erwähnung der Konzentrationslager soll natürlich keine Aufforderung an den Staat sein, Kommunisten wie Thälmann[150] etc. aus der

---

[149] GOTTFRIED BLENDINGER, Antwort auf die Angriffe des stellvertr. Gauleiters K. Holz in der Versammlung vom 14.11.1936, Leutershausen .

[150] Anm. Hg.: Anm. Hg.: »Ernst Johannes Fritz Thälmann (* 16. April 1886 in Hamburg; † 18. August 1944 im KZ Buchenwald) war ein deutscher Politiker in der Weimarer Republik. Er war von 1925 bis zu seiner Verhaftung im Jahr 1933 Vorsitzender der Kommunistischen Partei Deutschlands (KPD), die er von 1924 bis 1933 im Reichstag vertrat und für die er in den Reichspräsidentenwahlen von 1925 und 1932 kandidierte.« WIKIPEDIA.DE, Artikel »Ernst Thälmann«. URL: wikipedia.org/wiki/Ernst_Thälmann (Stand: 17.08.2022). – »Thälmanns Festnahme war rechtswidrig, da seine nach Artikel 40a der

Haft loszulassen, sondern ein Hinweis auf die Tatsache, dass oft schon Geistliche ins Konzentrationslager gekommen sind, ohne dass weder vorher noch nachher ihre Sache von einem ordentlichen Gericht verhandelt worden wäre.[151]

Seite 8: [...] Wir sind die letzten, die nicht Gott und unserm Führer dankbar sind, dass wir verschont blieben vor solch grauenerregenden Zuständen, wie sie uns aus Russland und Spanien gemeldet werden. Aber als Christen müssen wir ablehnen, dass der Führer an die Stelle Christi / des Sohnes Gottes tritt, dass man sagt: Wer Hitler liebte, der liebt Gott.«

Im Lutherhaus, das festlich geschmückt war, erhielten die Kirchenvorsteher und Geistlichen Kaffee und Kuchen, bei welcher Gelegenheit Herr Landesbischof noch über die kirchl. Lage redete.

Reichsverfassung als Mitglied des Ausschusses zur Wahrung der Rechte der Volksvertretung gewährleistete Immunität auch durch die Reichstagsbrandverordnung nicht aufgehoben worden war. Erst am 6. März stellte ein Berliner Staatsanwalt ›im Interesse der öffentlichen Sicherheit‹ einen – formell ebenfalls rechtswidrigen – Haftbefehl aus, der dann einfach rückdatiert wurde.« DASS., Artikel »Ernst Thälmann«. URL: wikipedia.org/wiki/Ernst_Thälmann (Stand: 17.08.2022).

[151] Anm. Hg.: »Man kann die Entwicklung der nationalsozialistischen Konzentrationslager in vier zeitlich zu trennende Phasen einteilen (1933–1935, 1936–1938, 1939–1941 und 1942–1945). [...] 1936 bis 1938: [...] In dieser Zeit stieg die Anzahl der Häftlinge an und ihre Zusammensetzung änderte sich grundlegend. Während in der ersten Phase noch hauptsächlich politische Gegner des Regimes inhaftiert waren, wurde in der zweiten Phase damit begonnen, diejenigen zu inhaftieren, die nicht dem nationalsozialistischen Bild der Volksgemeinschaft entsprachen: vor allem »Asoziale«, »Arbeitsscheue«, mehrfach Vorbestrafte, Homosexuelle und Zeugen Jehovas, die in den Lagern als »Bibelforscher« gekennzeichnet wurden. [...] In dieser zweiten Phase wurden die Konzentrationslager Sachsenhausen und Buchenwald gebaut [...].« WIKIPEDIA.DE, Artikel »Konzentrationslager«. URL: wikipedia.org/wiki/Konzentrationslager#Gleichnamige_Einrichtungen_in_Deutschland_vor_1933 (Stand: 17.08.2022).

Der **Winter 1936/1937** brachte eine wesentliche Steigerung des Kirchenkampfes, indem Redner der Partei[152] in ganz Franken die Kirche mit ihren Einrichtungen schmähten und verunglimpften und meist auch zum Austritt aus derselben aufforderten. Diesen Dienst tat in Leutershausen der stellvertretende Gauleiter Holz von Nürnberg, der am **17.11.1936**[153] hier sprach. Bericht über diese Rede sowie die am darauffolgenden Sonntag von der Kanzel verlesene Antwort liegen an. *[siehe Kasten]*

Am **14.12.1936** erklärte sich der Kirchenvorstand einmütig gegen die beabsichtigte Einführung der Gemeinschaftsschule. Hauptlehrer Rüger, der an dieser Sitzung teilzunehmen dienstlich verhindert war, erklärte daraufhin seinen Austritt aus dem Kirchenvorstand, da er mit dem Vorgehen in Sachen der Bekenntnisschule nicht einverstanden war. Im Januar und Februar dieses Jahres wurde dann in der ganzen Pfarrgemeinde durch Unterschriftensammlung in der Kirche und in den Pfarrhäusern eine Bekenntnisschulgemeinde gegründet. Das Ergebnis war, dass von etwa 1500 über 21 Jahre alten Bekenntnisgenossen 1301 unterschrieben. Die Beamten hielten sich dabei meist zurück.

Am **4. März [1937]** wurden die beiden Bürgermeister, beide tüchtige, kirchlich eingestellte Kirchenvorstandsmitglieder von der Gauleitung in Nürnberg nicht mehr bestätigt. Der stellvertretende Bürgermeister, Ortsgruppenleiter Forstverwalter Rattler kündigte

---

[152] Anm. Hg.: Partei = NSDAP.

[153] Anm. Hg.: Der 17.11.1936 war ein Dienstag.

gleich am selben Tag der ev. Kinderschulschwester (Schwester Berta Schäfer vom Neuendettelsauer Mutterhaus), um sie ab **1.5.[*1937*]** durch NSV[154]-Schwestern zu ersetzen.

Eine besondere Stärkung war es für die Gemeinde, dass einmal im letzten Winter jeden Monat ein Männerabend im Lutherhaus abgehalten wurde, der mit Ausnahme des Abends vom April und Mai, die wegen der Feldarbeit weniger gut besucht waren, von durchschnittlich 400 Männern besucht waren.

Ein anderer Höhepunkt im Gemeindeleben war die zwischen Invokavit und Reminiscere[155] abgehaltene Bibelwoche über die Bergpredigt, die ebenfalls im grossen Lutherhaussaal stattfand und sich eines immer mehr steigernden Besuches erfreute, trotzdem schon am ersten Abend der Saal fast vollständig gefüllt war. Der Ortsgruppenleiter (kath.) soll sich gewundert haben, dass die Gemeinde sich ohne Kommando so beteiligt hat.

Pfarrer Fries hatte in einer Predigt kurz nach Absetzung der Bürgermeister erwähnt, dass die beiden Herrn um ihrer kirchlichen Stellung willen, wie man sage, abgesetzt worden seien. Er forderte die Gemeinde auf, sich durch eine Unterschriftensammlung an die Kreisleitung zu wenden. Auch hatte er im Religionsunterricht der 4./5. Klasse für die beiden Herrn um Kraft gebetet. Deshalb wurde er aus der Partei, in die er seinerzeit mit grosser Begeisterung

---

[154] Anm. Hg.: NSV = Nationalsozialistische Volkswohlfahrt.
[155] Anm. Hg.: Invokavit: 14. Februar 1937. Reminiscere: 21. Februar 1937.

eingetreten und grosse Opfer für sie gebracht, ausgeschlossen, und mit Reg.-Entschl. vom **27.5.[*1937*] und 12.6.[*1937*]** wurde ihm die Ausübung des Religionsunterrichts an allen Schulen untersagt. Durch Beschwerden an das Staatsministerium[156] und Abordnungen nach Ansbach und München suchen wir die Rücknahme dieser Entscheidung herbeizuführen.

Während dieser Kampfzeit wurde die Kirchengemeinde zu stärken versucht durch Veranstaltungen mancherlei Art:

- Am Montag nach Lätare[157] predigte Herr Oberkirchenrat Kern ab abends um 8 Uhr bei überfüllter Kirche.
- Nach der Konfirmation am Weissen Sonntag[158] wurden in der Gemeinde 8 Vorträge gehalten durch Geistliche des Kapitels mit den Themen:
    o Christus,
    o Kirche woher,
    o Kirche wohin.
- An Rogate[159] abends predigte Pfr. Hahn – Ansbach.

---

156 Anm. Hg.: Vgl. dazu u. a. aus dem schriftlichen Einspruch durch Pfarrer Fries vom 21.6.1937: »Das Gebet für die Bürgermeister im Religionsunterricht war nicht gemeint als Aufwiegelung der Kinder gegen die Massnahmen der Partei, sondern entsprang einem augenblicklichen religiösen Bedürfnis; freilich war mir in diesem Augenblick nicht klar, dass es auch anders gedeutet werden könnte.« (Archiv / Registratur Dekanat Leutershausen).

157 Anm. Hg.: Sonntag Lätare 1937 = 7.3.1937.

158 Anm. Hg.: Weißer Sonntag = Sonntag nach Ostern = Sonntag Quasimodogeniti am 4.4.1937.

159 Anm. Hg.: Sonntag Rogate = 2.5.1937.

- Ausserdem wurde die Gemeinde durch Flugblätter aller Art und besonders durch die Schriften von Kern: »*Wohin mein Deutschland*«[160], und Frör: »*Die babylonische Gefangenschaft der Kirche*«[161], aufgeklärt.

---

[160] Anm. Hg.: FRÖR, KURT, Die babylonische Gefangenschaft der Kirche, Erlangen 1935 – Zur Vita vgl. WIKIWAND.COM, Artikel »Kurt Frör«. URL: wikiwand.com/de/Kurt_Frör (Stand: 16.08.2022)..

[161] Anm. Hg.: KERN, HELMUT, Mein Deutschland - wohin?, (Dresden) 1937.

III. Kriegschronik 1939–1945

Von Dekan Gottfried Blendinger[162]

Hinweis des Herausgebers:

Der folgende Text ist im Archiv des evang.-luth. Dekanats Leutershausen, Mittelfranken, aufbewahrt.

Er umfasst im Original 9 Seiten, die größtenteils mit Schreibmaschine geschrieben wurden, teilweise aber durch handschriftlich eingefügte Abschnitte ergänzt wurden.

Die Zwischenüberschriften wurden vom Hg. (RS) jeweils durch das Stichwort »Kriegsjahr« ergänzt.

---

[162] Anm. Hg.: BLENDINGER, GOTTFRIED, Kriegschronik der Pfarrei Leutershausen bei Ansbach, Leutershausen 1939–1945.

Kriegsjahr 1939

Den 13.9.1939. Die Kriegserklärung am 1.9. legte sich wie eine schwere Last auf alle Gemüter. »Nun wieder Krieg wie vor 20 Jahren?« war fast allgemein die Stimmung. Keine laute Kriegsbegeisterung wie 1914![163] Unter der aktiven Truppe mag es anders gewesen sein. Aber zu Hause kannte man die Schwere der Entscheidung. Meist wurden in der Nacht die Männer durch Autos benachrichtigt, dass sie einzurücken hätten. Es waren vor allem Heeresarbeiter, die wegkamen. Die Gottesdienste am 8. und 10.9. waren besser als sonst besucht. Wenn man bedenkt, dass doch viele Männer eingezogen waren und doch mehr als ¼ der Pfarrgemeinde anwesend war, so kann man sagen, dass der Besuch sehr gut war. An Klingelbeutelstücken wurden an den beiden genannten Sonntagen je 603 gezählt. Die Innere Verbindung mit der Gemeinde ist sehr zu spüren, besonders mit denen, die auch welche draussen haben. Sie wissen, dass ich selbst 2 Söhne draussen habe, von denen einer beim

---

[163] Anm. Hg.: Erinnerung von Sohn H.: Im Elternhaus sei der Krieg fast tägliches Tischgespräch gewesen, nicht erst, seit die beiden älteren Brüder an der Front waren. Kriegsbegeisterung habe es kaum gegeben. Die Stereotype von dem »uns aufgezwungenen Krieg« seien von den Eltern nicht übernommen worden. Sie hätten mindestens die tatsächlichen Zusammenhänge geahnt. (BLENDINGER, HERMANN, Ein Unheld im Zweiten Weltkrieg, 11), Die in politischen Fragen sensiblere und auch aufmüpfigere Mutter habe im Familienkreis den Kriegsausbruch sinngemäß so kommentiert: Wenn früher ein Staatsoberhaupt den Verstand verlor, habe man es absetzen können – wer aber könne einen wahnsinnig gewordenen »Führer« in seine Grenzen weisen? (ebd.)

Arbeitsdienst in Polen ist.[164] In den letzten Tagen kamen die ersten Verwundetennachrichten. Gg. Grauf von hier liegt im Lazarett in Bosenberg, Finsterer von Rauenbuch und Schuster von Görgsheim in Breslau. Beide waren in einer Abteilung und wurden von einer Fliegerbombe getroffen, die ein durch deutsche Hoheitsabzeichen getarnter polnischer Flieger abwarf. F. ist an den Füßen, Sch. an den Armen verletzt. In der Nacht vom 10./11.9. ¾ 2 Uhr hörte meine Frau ein Surren von fremden Flugmaschinen. Am nächsten Tag hatten feindliche Flieger Flugblätter abgeworfen. Ein Exemplar liegt bei.[165] Man will wieder wie 1914 Regierung und Volk trennen, um uns erledigen zu können.

Im Krieg gegen Frankreich wurde Fritz Müller, der das rechte Auge verlor, und ein Katholik Zauner in Passau schwer verwundet.[166]

---

[164] Anm Hg.: Sohn H. erinnerte sich: In Predigten habe sein Vater den Krieg als ein von Gott auferlegtes Schicksal dargestellt, dem man sich nicht entziehen könne (a. a. O., 12). Der Christ schulde der Obrigkeit auch im Kriegsfall Gehorsam. Diese Überzeugung habe sein Vater während des »Kirchenkampfs« und bis zum Ende durchgehalten. Politik sei nicht sein Bereich gewesen. (a. a. O., 12)

[165] Anm. Hg.: Ein solches »Exemplar« wurde vom Hg. nicht aufgefunden.

[166] Anm. Hg.: Dieser Satz erscheint im Manuskript als handschriftliche Hinzufügung (Bleistift),

Kriegsjahr 1940

Einquartierung von Wolhynier-Deutschen

Den 6.8.1940. Im Mai 1940 wurden hier in 8 Lagern 149 Wolhy-
nierdeutsche[167] untergebracht. Fast alle verstanden kein deutsches
Wort mehr. Trotzdem besuchten sie ganz gern unsere Gottesdienste und liessen ihre Kinder taufen. Sie waren meist evangelisch,
aber einige waren auch griechisch- und römisch-katholisch. Sie waren verteilt in das HJ-Heim, den Hirschenwirts- und Kronenwirtskeller. Im September kamen sie in ein Lager bei Litzmannstadt
(Lodsch)[168].

---

[167] Anm. Hg.: »Wolhyniendeutsche (auch Wolyniendeutsche oder wolhynien-
deutsch Woliniendeitsche) waren deutsche Auswanderer und ihre Nachkom-
men, die sich vor allem im 19. Jahrhundert in Wolhynien [Westukraine; *RS*]
angesiedelt hatten und dort bis zum Zweiten Weltkrieg blieben.« WIKIPE-
DIA.DE, Artikel »Wolhyniendeutsche«. URL: wikipedia.org/wiki/Wolhynien-
deutsche (Stand: 16.08.2022).

[168] Anm. Hg.: Lodz hieß nach einer von den nationalsozialistischen Besatzern
schrittweise durchgeführten »Eindeutschung« zunächst Lodsch, dann auf
Grundlage einer Schein-»Volksbefragung« ab 12. April 1940 Litzmannstadt
(nach General Litzmann). Von dieser Befragung waren Polen, Juden und andere Nicht-»Volksdeutsche« ausgeschlossen. Rücksiedler aus Wolhynien und
Galizien wurden nach Litzmannstadt geleitet und zunächst in Auffanglagern
untergebracht, um dann im Warthegau und anderen Orten angesiedelt zu werden, während die dort lebende einheimische Bevölkerung vertrieben bzw. zur
Zwangsarbeit versklavt wurde.

Einquartierung von Bessarabien-Deutschen

An ihre Stelle kamen 47 evangelische Bessarabiendeutsche[169], die im HJ-Heim untergebracht wurden.

Der Besuch der Lager durch Geistliche war verboten, ebenso auch die Abhaltung von Bibelstunden und die Blätterverteilung.

An Weihnachten wurden die Bessarabier zu einer abendlichen Weihnachtsfeier in den Kapitelsaal des Dekanates eingeladen. Es erschienen ca. 30, meist Frauen und Kinder. Lehrer Schlenker erzählte von dem kirchlichen Leben in Bessarabien, so dass alle ergriffen waren. Im Übrigen hielt sich der grösste Teil der Bessarabier von der Kirche fern, scheinbar weil ihnen gesagt war, sie würden bei der Ansiedelung Nachteil bekommen, wenn sie sich zu eng an die Kirche anschlössen.

Die Bessarabier waren alle aus Tarutino[170], der grössten deutschen Gemeinde dort. Eine Mutterhaus-Schwester aus T. war auch unter ihnen, die gern in die Pfarrhäuser kam und sich dann auch mit den Bessarabiern, die nicht in den Warthegau kamen, am **1.3.1941** von uns verabschiedete. 35 wurden am **16.2.1941** in ein Übergangslager bei Litzmannstadt gebracht, die restlichen 12 in das Erlanger Lager.

---

[169] Anm. Hg.: Bessarabiendeutsche, eine deutschsprachige Minderheit, die zwischen 1814 und 1940 in Bessarabien (jetzt aufgeteilt unter der Republik Moldau und Ukraine) lebte.

[170] Anm. Hg.: Tarutino = Tarutyne, seit 1957 in der Oblast Odessa in der südlichen Ukraine. 118 km westlich von Odessa gelegen.

Einquartierung von »Ostmark«-Soldaten

Vom 24.7.40 bis 4./5.3.41 war ein Batl. Infanterie aus der Ostmark[171] hier, in Wiedersbach und Sachsen einquartiert. Die Soldaten waren fast durchweg katholisch, stammten zum grössten Teil aus Znaim und Umgebung und aus Wien. Während dieses 3/4 -Jahres war ein grosser Teil in der Heimat auf Wirtschaftsurlaub, um dann kurz vor dem Abtransport wieder hier einzutreffen. Das Dekanat war zeitweise mit 3 Mann belegt, die sich gut führten, das 2. Pfarrhaus mit einem Arzt und bisweilen noch mit einem Mann. In die Kirche gingen nur ganz vereinzelte. In sittlicher Beziehung kamen manche grobe Verstösse vor, wie auch einzelne Vertreter des weiblichen Geschlechts sich grössere Zurückhaltung hätten auferlegen sollen. Ausser diesen Soldaten sind in unserer Gegend auch Polen und gefangene Franzosen als Arbeitskräfte eingesetzt, so [*dass*] das Völkergemisch hier kaum zu überbieten war.

---

[171] Anm. Hg.: Die sogenannte »Ostmark« bezeichnete das vormalige Österreich nach dessen »Anschluss« im März 1938 an das Deutsche Reich. Der Begriff wurde zwischen 1939 und 1942 verwendet und dann durch die Bezeichnung »Alpen- und Donau-Reichsgaue« ersetzt.

Kriegsjahr 1941

Die ostmärkische Einquartierung dauerte bis ins Frühjahr. Sie wurde dann nach Südfrankreich gelegt, um im Januar 42 nach Russland zu kommen. Bald nach ihnen traf neue Einquartierung ein, eine Batterie Marineartillerie, die dann nach Norwegen verlegt wurde. Ihnen folgte bald eine Batterie, die für Afrika bestimmt war, aber unterwegs dorthin durch Torpedierung ihre ganze Ausrüstung verlor. Dazu war unser Städtlein 3 Monate und länger mit Kieler Frauen und Kindern belegt, die vor der Bombengefahr sich nach Süddeutschland flüchteten. Aber diese, durch Unkirchlichkeit verdorben, waren den meisten bald zur Last und alle waren froh, als sie wieder unserem Städtlein den Rücken kehrten. Auch das Dekanat beherbergte eine Frau mit 2 Kindern 3 Mon. lang.

Das Bessarabierlager wurde im Februar geräumt, aber schon im Juni wurde ein Haufen Bukowinadeutsche[172] hierher gelegt, die im Sommer auch im Lutherhaus einquartiert waren und am 31.10. unseren Ort wieder verließen.

Der Krieg mit Russland hat unserer Gemeinde große Verluste gebracht. Vom 22.6. ab bis Jahresende sind 16 Gefallene und viele Verwundete in unserer Gemeinde gezählt worden.

Auch die beiden Dekanssöhne waren draußen, der eine bei den Panzern, der andere bei der Panzerabwehr. Ersterer blieb

---

[172] Anm. Hg.: Bukowina- oder Buchenlanddeutsche, eine deutschsprachige Minderheitsgruppe, die ca. 1780–1940 in der rumänischen Bukowina lebte.

wunderbar bewahrt (einmal explodierte eine Granate in s. Panzer, ohne daß ihm etwas zustieß), der andere wurde verwundet am 26.8.41 u. kam nach s. Wiederherstellung zur Sanit.-Truppe als Mediziner.

Kriegsjahr 1942

Das für die Gemeinde einschneidendste Ereignis des Kriegsjahres 1942 war die Abnahme der drei grossen Glocken vom Kirchturm und der einen vom Lutherhaus. An Ostern, 5.4.1942, läuteten die Glocken das letzte Mal zusammen, nachdem sie etwa seit dem Jahre 1575 auf dem Turm ihren Dienst getan. Am 8.4 wurde sie abgenommen, am 9.4. abzuliefern nach Hamburg, wo sie noch lange auf dem -?- [*Glockenfriedhof?*] lagerte. Im Jahre 1517 war ja der Turm abgebrannt und sämtliche alte Glocken zerschmolzen. Bis zum Jahre 1575 gab es scheinbar schon einmal eine glockenlose Zeit. Denn die sog. Marien-Glocke stammt nicht aus dem 15. Jahrhundert, wie manche annahmen, sondern ihren Ornamenten nach zu schliessen aus demselben Jahre und von demselben Gießer wie die Petersglocke. Seit Ostern 1943 läutet nun nur noch die kleine Taufglocke zu allen Gelegenheiten.

Zu den 16 Gefallenen des Jahres 1941 kamen im Jahre 1942 noch 14 weitere. In Stalingrad hatte die Gemeinde 10 Verluste zu beklagen – 9 Vermisste und 1 Gefallenen –, darunter auch [= *unter den Vermissten und später wiedergefundenen*] den Sohn des derzeitigen Dekans. Der Südteil von Stalingrad hatte sich am 31.1.48 übergeben, der Nordteil am 2.2.43. Zur Zeit der Berichterstattung – 1.4.43 – sind es schon 33 Gefallene und 12 Vermisste.

Die Seelsorge an den Eingezogenen wurde noch eine Zeit lang durchgeführt durch Schriften, die die Angehörigen ins Feld sandten. Da aber der grösste Teil durch die Kriegsverhältnisse nicht ans Ziel kam, wurde der Schriftenversand nur auf einzelne beschränkt, zumal es auch immer weniger Schriften gab.

Das Lutherhaus war vom Frühjahr 42 bis März 43 von einer Abteilung der Feuerschutzpolizei belegt.

Kriegsjahr 1943

20 Gefallene u. 20 Vermißte sind allein für dieses Jahr zu beklagen. Sonst nichts von Bedeutung im Ort, als daß an Invokavit die Kriegergedenktafel der Kirch.-Gem. übergeben wurde, die von Architekt Braun – Leut. entworfen, v. Bildhauer Kolbe – Ansbach, Wehrstr. 21, ausgeführt wurde. Später wurde die nicht ausreichende Gedenktafel durch die aus Solnhofer Jurastein gefertigte ersetzt. Die übrigen Schreinerarbeiten hat ohne Vergütung Schr.-Mstr. Engelhart v. hier, die Maurerarbeiten -?- M.-Mstr. Mohr v. hier ausgeführt. Zwei Leuchter wurden in Ansbach gekauft, zwei in Schillingsfürst nachgearbeitet.

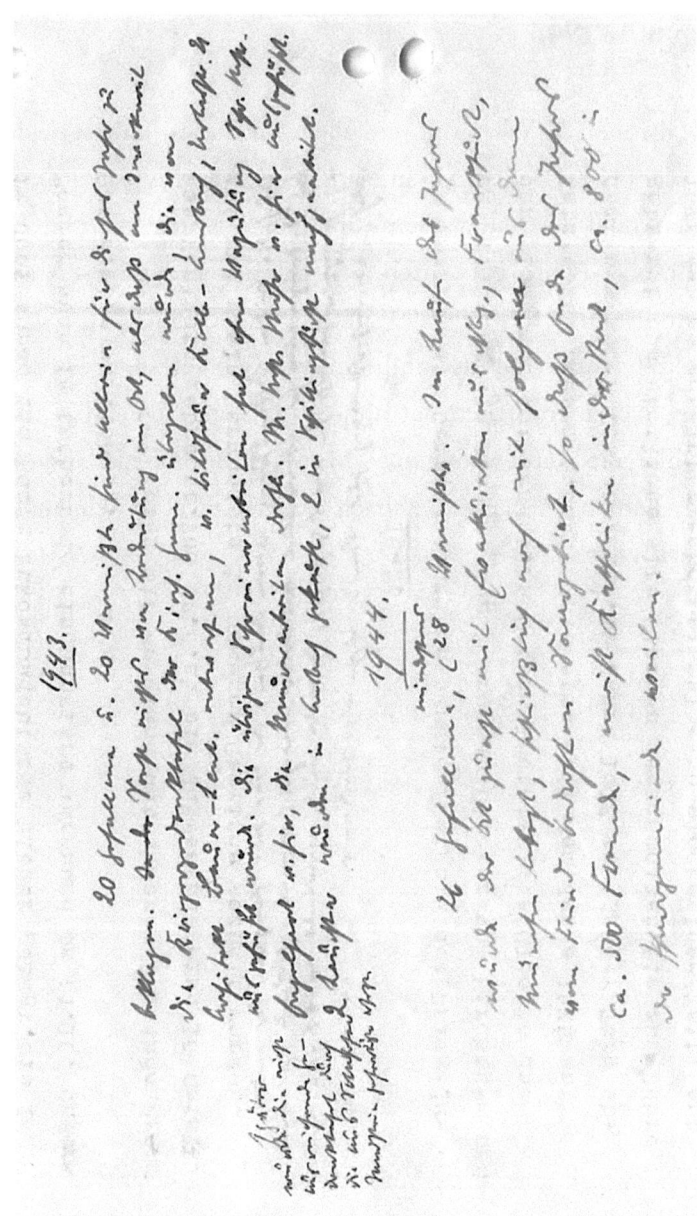

Abb. 4: Handschriftlicher Eintrag 1943 / 1944

Kriegsjahr 1944

26 Gefallene, mindestens 28 Vermißte. Im Laufe des Jahres wurde der Ort zuerst mit Evakuierten aus Nbg., Frankfurt, München belegt, schließlich noch mit solchen aus dem vom Feind besetzten Saargebiet, so daß Ende des Jahres ca. 500 Fremde, meist Katholiken in der Stadt, ca. 800 in der Pfarrgemeinde weilen.

Kriegsjahr 1945

Da die hierher evakuierten Saarländer meist katholisch waren, wurden ab dem 28. Januar auch katholische Gottesdienste zugelassen, zuerst einige Zeit im Lutherhaus, dann später, als es wieder von Militär belegt war, auch in der Kirche. Die Gottesdienste finden immer vor den evangelischen Gottesdiensten vormittags statt. Zwischen den Konfessionen besteht das beste Einvernehmen. Im Sommer sind dann die Saarländer wieder heimgeführt worden. An ihrer Stelle strömen jetzt viele Flüchtlinge ein aus dem Sudetenland und Schlesien, die wieder vielfach katholisch sind und deshalb auch weiter katholische Gottesdienste brauchen.

Unser Gotteshaus ist ja zur großen Freude der Gemeinde erhalten geblieben. Nur hat der Bombenangriff auf die Stegmühle sämtliche Süd- und Westfenster der Kirche zerstört, so dass im Lauf des Sommers die Schwalben im Chor der Kirche Nester bauen konnten. Dies diente den Kindern, die ab Rogate[173] in der Kirche wieder Unterricht bekamen, zur großen Belustigung. Der Unterricht war so geteilt, dass immer eine Klasse nach der anderen je zwei Stunden Unterricht hatte. Als es kälter wurde, wurde der Unterricht in die Sakristei verlegt, wo er aus Mangel an Schulraum noch jetzt gehalten wird. Ein Schulraum ist belegt von der ausgebrannten Familie Siller, die drei anderen sind jetzt (Jahresschluss) wieder in Betrieb, nachdem die Fenster wieder eingefügt sind. Die Kirchenfenster konnten

---

[173] Anm. Hg.: Rogate 1945 = Sonntag, 6. Mai 1945.

nur mit Holz einstweilen geschlossen werden, woran sich vor allem die Schreiner Schaller und Kronberger beteiligten.

Das vergangene Jahr war ausgefüllt mit der Linderung der so mannigfachen Kriegsnot. In Ansbach befand sich ein deutsches Kriegsgefangenen-Durchgangslager. Dort herrschte große Nahrungsmittelknappheit. Die Amerikaner gestatteten, dass für dieses Lager aus den umliegenden Gemeinden Lebensmittel gesammelt wurden. In der hiesigen Stadt wurden gesammelt ca. 100 Ztr. Kartoffeln, 125 Laib Brot, 1000 Eier, 11 Büchsen Fleisch, 20 Pfd. Butter, 20 Pfd. Fleisch, 50 Pfd. Mehl. Alles war im Dekanat ausgestellt, ein schöner Anblick. Für das evangelische Hilfswerk liefen ca. 4–5 Wochen Lastautos von Nürnberg, die aus den verschiedenen Pfarreien des Kapitels Kartoffeln, Stroh, Lebensmittel und Kleidungsstücke für das Flüchtlingslager in Nürnberg holten. In demselben waren vor allem Frauen und Kinder und auch alte Leute aus dem Sudetenland und Schlesien untergebracht. Die Sammlung vermittelte der evangelische Mütterdienst. Auch für die hiesigen Brandgeschädigten wurde gesorgt. Am 2. Advent[174] wurden sämtliche brandgeschädigte Familien von hier ins Lutherhaus eingeladen und jeder 100 RM in bar übergeben, sowie etwas Christbaumschmuck, den die Gemeindejugend gebastelt hate. Es wurden 94 Familien festgestellt, und zwar 61 total- und 33 halbgeschädigte.

---

[174] Anm. Hg.: II. Advent 1945 = Sonntag, 9. Dezember 1945.

Die Not der Zeit hat die Kirchen wieder gefüllt. An Himmelfahrt[175] z.B. waren 1228 Geldstücke im Klingelbeutel. Auch die Bibelwoche im November, die wie alle Jahre im Lutherhaus stattfand, war jeden Abend sehr gut besucht, am besten am letzten Abend. Im Ganzen waren es etwa 2300 Besucher. Ein Gewinn für das Gemeindeleben war einmal die Gemeindevisitation am Sonntag Sexagesimä[176], sowie der Besuch der Gemeinde am 15. nach Trinitatis[177] durch den Herrn Landesbischof, der ebenso wie Herr Oberkirchenrat Kern die Gemeinde mit einer feinen Predigt erfreute. An 15.4. wurden täglich Abendandachten eingeführt, die bis zum Beginn der Winterkälte (2. November) durchgeführt wurden. Sie waren besonders an den Sonntagabenden sehr gut besucht (ca. 200). Gewöhnlich waren es ca. 30 Besucher. Beschlossen wurde das Jahr mit einem sehr gut besuchten Silvestergottesdienst (1194 Geldstücke).

Als Naziamtsträger wurden im August verhaftet folgende Männer der Gemeinde, die am Jahresschluss noch nicht frei gelassen waren:

drei unserer Lehrer, Hauptlehrer Fröhlich, Prechtel und Rüger, ferner Bürgermeister Schiller, Schneidermeister Huber, Präsident Dippold, Dentist Eppelsheimer, Postassistent Wiesmeyer, Maurer Pöbel, die fast sämtlich in Hammelburg im Lager sich befinden.

---

175 Anm. Hg.: Christi Himmelfahrt 1945 = Donnerstag, 10. Mai 1945.
176 Anm. Hg.: Sexagesimä 1945 = Sonntag, 4. Februar 1945.
177 Anm. Hg.: 15. S. n. Trinitatis 1945 = Sonntag, 9. September 1945.

Am 3. Advent[178] wurde den anwesenden Flüchtlingen ein Krippenspiel von der evangelischen Gemeindejugend aufgeführt, das auch vor der Gemeinde und der Jugend mit großem Erfolg aufgeführt wurde.

Das Näherrücken der Front zeigte sich in den ersten Tagen des April vor allen Dingen daran, daß Tiefflieger täglich die Eisenbahnen beschossen und besonders durch den Abschuß von Maschinen den Verkehr allmählich ganz lahmlegten.

Während der Konfirmationsfeier **am 8.4.** wurden heftige Detonationen wahrgenommen. Ein Teil der Gemeinde verließ erschreckt das Gotteshaus, der größere Teil aber blieb auf den Plätzen. Auch bei den Konfirmanden herrschte völlige Ruhe, sodaß die Feier zu Ende geführt werden konnte. Bei Lehrberg war ein Munitionszug zur Explosion gebracht worden.

Am 9.4. wurde ein Militärtransportzug an der Böschung bei Lengenfeld von etwa 8 amerikanischen Jägern angegriffen. Drei deutsche Jäger warfen sich ihnen entgegen und im Luftkampf wurden vier Maschinen abgeschossen. Darunter war eine deutsche, deren Pilot sich durch Fallschirmabsprung noch retten konnte. Drei Amerikaner kamen ums Leben. Sie wurden am 10.4. auf dem hiesigen Friedhof beerdigt; eine kirchliche Einsegnung wurde abgelehnt.

Im hiesigen Städtlein war um diese Zeit ein Standgericht untergebracht. Zwei deutsche Soldaten wurden wegen Fahnenflucht zum

---

[178] Anm. Hg.: 3. Advent 1945 = Sonntag, 16.12.1945.

Tode verurteilt und am 13. April auf dem hiesigen Friedhof erschossen. Der eine war ein älterer Soldat (Zuchthäusler, Strafkompagnie), der andere ein 17jähriger Knabe, angeblich der Sohn eines Offiziers, der sich bei der Erschießung die Augen nicht verbinden ließ.[179]

Am selben Tage wurde hier eine Abteilung Tiroler Gebirgsjäger einquartiert, die aus Deutschen und Italienern bestand. Im Dekanatshof war eine Reparaturwerkstatt für Lastautos eingerichtet; doch sie blieben nicht lange. **Am 15.4.** zogen die Soldaten wieder ab.

Von diesem Tage an wurden allabendlich Gebetsstunden abgehalten. Aus der verhältnismäßig großen Besucherzahl (es waren etwa 200 Leute anwesend) konnte man schließen, daß die Einrichtung dieser Gebetsstunden von der Gemeinde freudig begrüßt wurde. Kurz vor der zweiten Gebetsstunde am 16.4., die ebenso zahlreich besucht war, geschah in der Sonnenstraße ein schweres

---

[179] Anm. Hg.: Kommentar Hg.: Zwar war Dekan Blendinger eigener Aussage nach »zu den Exekutionen nicht hinzugezogen worden«. Er hätte demnach keine Gelegenheit gehabt, »den Delinquenten geistlichen Zuspruch zu vermitteln«, so interpretiert bei KARL-HEINZ SEYERLEIN, Das SS-Standgericht »Korück «im April 1945 in Leutershausen. Erschießung von Wehrmachtsangehörigen am 14.4.1945 in Leutershausen, in: Die Brücke - Heimatverein Leutershausen (2016) 1, 2–16, hier 12). So sachlich richtig das sein mag, so sehr steht damit zugleich die Frage im Raum, ob ein angemessenes Gedenken nicht bereits genau da, in eben den schriftlich hinterlassenen Erinnerungen des Geistlichen, hätte beginnen müssen. Stattdessen steht die problematische und im Nachhall gelegentlich sogar bis heute zu hörende Wortwahl im Raum: »Zuchthäusler, Strafkompagnie« usw. Gerade diese negativen Qualifizierungen mögen ihren Anteil daran gehabt haben, dass von einem Gedenken an die zwei an der Leutershausener Friedhofsmauer vor aller Augen erfolgten Ermordungen bislang Abstand genommen wurde.

Explosionsunglück. Anwohner der Sonnenstraße hatten auf ihrer Wiese Gegenstände gefunden, deren Zweck ihnen nicht klar war. Bei der Untersuchung explodierte ein solches Stück und traf Frau Margarete Letterer und den 14jährigen Ernst Raab sofort tödlich. Der Vater des Knaben, August Raab, erlitt so schwere Verletzungen, daß der Tod nach wenigen Stunden eintrat. Durch das Unglück wurden nicht nur die betroffenen Familien schwer heimgesucht, sondern auch für die Gemeinde bedeutete es einen schmerzlichen Verlust, da alle Verstorbenen sehr ernste, christlich gesinnte Menschen waren.

Der 17.4. verlief sehr unruhig. Die Front war sehr nahe und durch das häufige Schießen der Artillerie und das Überfliegen durch feindliche Flugzeuge mußte der Luftschutzkeller öfter aufgesucht werden. **In der Nacht vom 17. auf 18.4.** wurden heimlich die sämtlichen Panzersperren, welche am Neuen Törlein, am Haus des Landwirts Wellhöfer, am Brücklein beim Weiher, vor der Thomasmühle und an der Straße nach Wiedersbach (am Postberg) angebracht waren, beseitigt. Die Tat wurde hauptsächlich von Leutershäuser Frauen ausgeführt. In der gleichen Nacht wurde eine Abteilung deutschen Militärs von der Bevölkerung zum Abzug veranlaßt. Es mußten dazu 12 Fahrräder und einige Pferde zur Verfügung gestellt werden.

Nachdem nun die Stadt frei war von kämpfenden Truppen, wäre es möglich gewesen, den Gegner, der schon mit seinen Panzern in Jochsberg eingedrungen war, durch einen Parlamentär von dieser Tatsache zu verständigen.

Steinbächlein war vom Ansbacher Volkssturm besetzt, der in der Nacht von der amerikanischen Artillerie beschossen wurde. Dabei wurde ein Teil des Herrnholzes schwer beschädigt. In Waizendorf lag SS, so dass auch diese Ortschaft unter dem Feuer der feindlichen Artillerie, die angeblich bei Clonsbach aufgestellt war, ziemlich zu leiden hatte. Gefallen ist dabei der 20jährige Kriegsbeschädigte Georg Engelhardt, der sich nur noch in ambulanter Behandlung befand und sich deshalb in seinem Elternhause aufhalten durfte. Er hatte sich bei dem Beschuß statt in den Keller auf eine Wiese hinter seiner Scheune geflüchtet.

Auch in Erlbach lag den ganzen Nachmittag und Abend über SS, deren Führer trotz seiner schweren Verwundung noch in der Nacht den Befehl gab, die Brücke über den kleinen Bach zu sprengen, sodaß die Straße auch für die Bewohnerschaft lange Zeit unbrauchbar ist.

Nach Abzug der letzten deutschen Truppen aus Leutershausen wurde dem Bürgermeister Schiller am 18.4. etwa um 9 Uhr früh von ~~meinem Sohn~~[180] Feldunterarzt Gottfried Blendinger unter vier Augen nahegelegt, einen Parlamentär zum Gegner zu senden mit der Meldung, daß die Stadt von kämpfenden Truppen frei sei. Darauf bekam er die Antwort: »Ich krieche ihnen doch nicht in den Arsch«. Dieselbe Antwort gab Schiller auch einem anderen Leutershäuser Bürger, der dasselbe Ansuchen an ihn stellte.

---

[180] Anm. Hg.: Die beiden Wörter erscheinen im Manuskript durchgestrichen.

[*Nachträgliche, handschriftliche Randanmerkung:*]

Zu verstehen ist diese Antwort nur aus Angst vor der SS, die zur Flankensicherung den Sächserberg besetzt hatte und am 18. früh die Hohe Brücke gesprengt hatte. Der -?- lag in -?-. Ein am 17. von Jochsberg aus vorfühlender Panzerspähwagen wurde von der SS beschossen und fuhr wieder nach J. [= *Jochsberg*] zurück.

Die amerikanischen Panzer warteten den ganzen Tag in Jochsberg auf eine Nachricht [= *Kapitulationsmeldung*] aus der Stadt und suchten sie durch den Einsatz von 2 Brandbomben zu beschleunigen.

Nach einer weiteren Stunde, etwa um 6 Uhr abends, erfolgte dann ein Angriff der Royal-Air-Force, der etwa eine halbe Stunde dauerte.

46 Wohnhäuser und etwa 35 Scheunen fielen ihm zum Opfer. Da die Artillerie auch das Spritzenhaus beschädigt hatte und etwa eine weitere Stunde lang noch ständig in den Ort hineinschoß, konnte die Feuerwehr erst spät in Tätigkeit treten. Die beiden Pfarrhäuser blieben verschont und die Kirche, die auch wiederholt von den Flammen erfaßt wurde, konnte dank des opferfreudigen Einsatzes verschiedener Gemeindeglieder gerettet werden. Wie durch ein Wunder erforderte der Brand nur zwei Menschenleben. Eine Frau, die aus dem Saargebiet evakuiert war, wurde im Freien getötet, und ein Leutershäuser Bürger, der sich bei Löscharbeiten schwere Verletzungen zugezogen hatte, starb im Ansbacher Krankenhaus nach etwa vier Wochen. Der dauernden Gefahr wegen hatte sich

die Bevölkerung an diesem Tag fast ständig im Keller aufgehalten. Allein im Dekanatskeller befanden sich nahezu 40 Personen.

Im Verlauf der Löscharbeiten traf der Dekan mit dem Bürgermeister Schiller in der Nähe der Kirche zusammen. Der Dekan bat ihn, nun endlich einen Parlamentär zu schicken, Schiller entgegnete: »Ich habe ja niemand, es geht ja niemand hinaus; wen soll ich denn schicken?«, worauf der Dekan entgegnete: »Schicken Sie mich.« Die Antwort war: »Ich schicke Sie«. Da der Weg nach Jochsberg von der SS eingesehen war, begab sich der Dekan über Winden nach Mittelramstadt, wo er in der Nacht ankam. Die Bauern waren gerade mit der Herstellung eines Grabes für zwei gefallene Gebirgsjäger beschäftigt, die der Dekan noch einsegnete. Nachdem er in Mittelramstadt bei dem Bauern Dehn über Nacht geblieben war – in der Nacht konnte er sich nicht mehr vor die feindlichen Vorposten wagen –, begab er sich früh ½ 6 Uhr mit dem Bauern Kalb und einer weißen Fahne durch den Wiesengrund nach Auerbach.

Hinter einem Holzstoß am Eingang von Auerbach traf er auf zwei amerikanische Posten mit Gewehr im Anschlag, die ihn zu ihrem Kommandeur führten, einem Oberleutnant, der im Pfarrhause untergebracht war. Nach dreiviertelstündigem Warten meldete ihm der Dekan, daß er vom Bürgermeister in Leutershausen die Nachricht zu bringen habe, daß die Stadt von kämpfenden Truppen frei sei und daß er bitte, das weitere Schießen einzustellen. Der Offizier, der sich durch einen Dolmetscher mit dem Dekan verständigte, erklärte, daß das Schießen unterbliebe, wenn in Leutershausen nicht geschossen würde.[181] Er stellte dann die Bedingungen, daß beim Eintreffen der amerikanischen Panzer, die am Vormittag noch kommen würden, an den Häusern weiße Flaggen zu hissen seien, die Einwohner sich mit weißen Armbinden zu versehen hatten und daß alle Waffen und alle Radio-Apparate mit Batterie-Antrieb beim Bürgermeister abgeliefert werden müßten. Der Dekan war um 7.07 Uhr (am 19.4.) wieder in Mittelramstadt und fuhr dann mit dem Rad nach Leutershausen, um dem Bürgermeister zu berichten und ihn zu bitten, die Bedingungen ausschellen zu lassen.[182] Trotz des Ernstes der Lage glaubte sich der Bürgermeister berechtigt, den Befehl zum Hissen der weißen Flaggen streichen zu können. Als ihm der Dekan die Sache klarzumachen versuchte, entgegnete er: »Ich rutsche ihnen doch nicht auf dem Hintern nach.«[183] Noch am Vormittag, etwa um 9 Uhr, kam der amerikanische Panzer-Spähtrupp aus Auerbach, und als er die Stadt unverteidigt fand, folgte ihm bald das Gros der amerikanischen Panzer. Es stieß sofort auf der Straße nach Schillingsfürst weiter über Waizendorf nach Dombühl vor.

---

181 Anm. Hg.: Sohn H. erinnerte sich: Im April 1945 habe sein Vater den »Parteigewaltigen« von Leutershausen widerstanden, habe das Städtchen gemeinsam mit seinem Sohn Gottfried formell der amerikanischen Kommandantur in Mittelramstadt übergeben und ihr versichert, dass kein Widerstand mehr geleistet würde. Jahre später habe er dafür bzw. für seinen Mut die Ehrenbürgerwürde von Leutershausen erhalten. (BLENDINGER, HERMANN, Ein Unheld im Zweiten Weltkrieg, 12)

182 Dies geschah nicht, wie ein Blick in die damaligen städtischen Bekanntmachungen zeigt.

183 Anm. Hg.: Die Dekodierung hier eingefügten Randbemerkung (siehe Abb. 5: Auszug Kriegs-Chronik, letzte Seite) steht zurzeit noch aus.

Nach Leutershausen kam vorübergehend eine Militärverwaltung. Es wurden sofort Vorschriften über die Ausgehzeiten gegeben und als diese am ersten Tage nicht pünktlich eingehalten wurden, kamen sofort Verschärfungen.

Vom Freitag, den 20.4. bis Donnerstag, den 26.4. durfte sich die Bevölkerung vormittags nur von 9 bis 11 Uhr und nachmittags von 15 bis 17 Uhr in den Straßen aufhalten. Von Freitag, den 27.4. ab wurden dann die Ausgehzeiten wieder von 6 Uhr früh bis 8 Uhr abends verlängert und nach weiteren 14 Tagen wurde die Ausgehzeit bis abends 9 Uhr gestattet. Am 27.4. wurde der Dekan von dem vorübergehend anwesenden Offizier der Militärverwaltung über die Verhältnisse in der Gemeinde befragt.

Für die Unterbringung der amerikanischen Besatzung mußten die Villen am Osteingang des Ortes vorübergehend geräumt werden. Die durch das Brandunglück obdachlos gewordene Bevölkerung ist nun in den noch vorhandenen Häusern, in denen auch noch viele Saarländer, Nürnberger und andere Evakuierte Zuflucht finden mußten, untergebracht.

auch für die Bewohnerschaft lange Zei

Nach Abzug der letzten deutschen Trup
dem Bürgermeister Schiller ~~eine~~ am 18
~~meinem Sohn,~~ Feldunterarzt Gottfried
nahe gelegt, einen Parlamentär zum Ge
daß die Stadt von kämpfenden Truppen
Antwort: „Ich krieche ihnen doch nich
wort gab Schiller auch einem anderen
selbe Ansuchen an ihn stellte. Die am
den ganzen Tag in Jochsberg auf eine
suchten sie durch den Einsatz von 2 E
Nach einer weiteren Stunde, etwa um 6
Angriff der Royal - Air-Force, der et
46 Wohnhäuser und etwa 30 Scheunen fi
tillerie auch das Spritzenhaus beschä
Stunde lang noch ständig in den Ort h
erst spät in Tätigkeit treten. Die be
blieben verschont und die Kirche, die
erfaßt wurde, konnte Dank des opferfr
Gemeindeglieder gerettet werden. Wie
Brand nur zwei Menschenleben. Eine Fr
war, wurde im Freien getötet und ein
bei den Löscharbeiten schwere Verletz
Ansbacher Krankenhaus nach etwa 4 Woc
te sich die Bevölkerung an diesem Tag
Im Verlauf der Löscharbeiten traf der
Schiller in der Nähe der Kirche zusam
lich einen Parlamentär zu schicken. S
ja niemand, es geht ja niemand hinaus
worauf der Dekan entgegnete: „Schick
„Ich schicke Sie". Da der Weg nach Jo
war, begab sich der Dekan über Winder
der Nacht ankam. Die Bauern waren ger
Grabes für zwei gefallene Gebirgsjäge
einsegnete. Nachdem er in Mittelramst
Nacht geblieben war - in der Nacht ko
feindlichen Vorposten wagen -, begab
Bauern Kalb und einer weißen Fahne du

Abb. 5: Auszug Kriegs-Chronik, letzte Seite

Abb. 6: St. Peter, Leutershausen (Hg.)

IV. Luise Blendinger 1979:
»Vergangen – nicht vergessen«

Hinweis des Herausgebers: Der folgende Text ist ein Auszug aus Luise Blendingers 1979 abgeschlossenem Rückblick »Vergangen, nicht vergessen – Lebenserinnerungen«.[184] Aufgenommen wurden die dort auf den Seiten 57–71 beschriebenen, in Leutershausen verbrachten Zeiten. Die Zwischenüberschriften wurden vom Hg. hinzugefügt.

Umzug nach Leutershausen (1935)

Die Pfarrstelle, um die er sich beworben hatte, bekam er nicht. Aber er wurde zu seiner Behörde nach Ansbach gebeten, und dort trug man ihm die Leitung des Dekanates Leutershausen an. Es war Anfang 1935. Wir waren beide bestürzt, auch erfreut, auch verzagt! Im April war unser Umzug. Wieder war unser Abschied voll Schmerzen und Wehmut. Wieder ließen wir geliebte Menschen zurück und eine Stadt, die wir liebgewonnen hatten mitsamt ihren vielfältigen Angeboten an geistiger und geistlicher Bereicherung. Wir konnten uns nicht gerade viel Verlockendes vorstellen in dem bescheidenen Altmühlstädtchen mit seiner schlichten Landschaft, seinen unbekannten Bewohnern. Wir mußten uns mit allem Willen umstellen; das fiel unseren Kindern besonders schwer, die an Erlangen ein Stück Jugendheimat verloren hatten. Aber wenn ich

---

[184] Anm. Hg.: Vergangen – nicht vergessen – Eine Kopie des Manuskripts ist im Archiv des evang.-luth. Dekanats Leutershausen aufbewahrt. Außerdem hat die Gemeinde Betzenstein auf ihrer Internetseite im Ressort »Beiträge zur Heimatkunde« eine identische Kopie als pdf-Datei veröffentlicht.

zurückdenke an die 30 Jahre Leutershausen, die dann folgten, dann fällt mir immer wieder die Anfangszeile eines Liedes ein:

»Helft mir Gottes Güte preisen!« [...]

Helft mir Gott's Gü - te prei - sen, ihr
mit G'sang und an - dern Wei - sen ihm
Chri - sten stimmt mit ein, be - son-ders zu der
all - zeit dank - bar sein.
Zeit, wenn sich das Jahr voll - en - det, die
Sonn sich zu uns wen - det, das neu Jahr ist nicht weit.

Abb. 7: Partitur, Einschub Hg.

Das Pfarrhaus

Das Haus, das alte Dekanat, im Schatten der Kirche! Es war so alt wie unsere Betzensteiner Kirche, etwa 1750 erbaut. Platz für unsere große Familie, auch noch für einen etwa 50 qm großen Kapitelsaal. Eine breite, bequeme Treppe führte in einem weiten Bogen zum 1. Stock. Im Kapitelsaal fanden zuerst nur die Pfarrkonferenzen statt, später hatte der Kirchenchor dort seine Heimat, dann die Jugendkreise. Er nahm alle kirchlichen Arbeiten auf, die in der Einengung durch die Parteimaßnahmen ihre Räume verloren. Als wir schließlich wegen Kohlenknappheit den Kapitelsaal nur selten heizen konnten, zogen alle diese Arbeitskreise, außer dem Kirchenchor in unser Wohnzimmer!

Die Partei

Wenn ich von Parteimaßnahmen spreche, muß ich um der Gerechtigkeit willen sagen, daß die Leutershäuser Verantwortlichen aus der Partei weitgehend rücksichtsvoll und immer höflich mit ihrem Dekan umgegangen sind, bis dahin, daß der Bürgermeister im Herbst 1944, als wir dem Mütterdienst unsere Räume für eine große Tagung zur Verfügung stellten, täglich aus seiner Molkerei eine große Kanne Magermilch, oft Quark, oft große Tragkörbe voll Zwetschgen aus der städtischen Zwetschgenanlage zur Verfügung stellte.

Es ging auch so weit, daß der Gendarmerie Meister manchmal am Samstag einen kleinen Besuch im Studierzimmer machte und dabei ganz beiläufig sagte:

»Herr Dekan, ich wollte nur sagen, daß ich morgen im Gottesdienst bin.«

Er mußte abhören!

Unsern Ortsgruppenleiter sah ich einmal unterwegs und dachte, heute will ich doch einmal mit dem Hitlergruß grüßen. Herr Rattler ist immer so freundlich zu uns! Er muß auch so was ähnliches gedacht haben und so grüßten wir uns im Vorbeigehen: er:

»Grüß Gott«,

ich:

»Heil Hitler!«

Solche menschlich-freundlichen Wendungen waren in dieser harten Zeit nicht selbstverständlich und man sollte sie auch nicht vergessen.[185]

---

[185] Anm. Hg.: Sohn H. erinnert sich: Kurz nach Dienstbeginn seines Vaters in Leutershausen 1935 habe sich eine Freundschaft mit dem alten »Ortsgruppenleiter« Rattler entwickelt. Dieser habe die katholische Variante der fränkischen Nazi-Christen vertreten, trotz anfänglichen Misstrauens wegen der möglichen Unvereinbarkeit von kirchlichen und parteilichen Interessen. Diese »Freundschaft« bestätige ein zum Zeitpunkt von Rattlers Tod geschriebener Brief der Mutter (März 1944). (BLENDINGER, HERMANN, Ein Unheld im Zweiten Weltkrieg, 13)

Kirchliche Frauenarbeit

Wir hatten in den Anfangsjahren noch Zeit, uns mit der Gemeinde vertraut zu machen. Die Gemeinde nahm uns an und nahm uns auf wie eine Familie, die zu ihnen gehörte. Wir teilten Freude und Leid miteinander und so wuchsen wir zusammen. 30 Jahre sind eine lange Zeit. Man wächst in die Gemeinde hinein wie in eine echte Heimat. Toni Nopitsch habe ich nicht mehr aus den Augen verloren. Ihre Arbeit weitete sich aus. Sie fand immer neue Wege zu den Müttern. Sie sah immer neue Notwendigkeiten und fand immer neue Möglichkeiten zu weiterer und besserer Hilfe, trotz aller Verbote durch die Partei. Sie brauchte Helferinnen aus den Gemeinden, Pfarrfrauen, Diakonsfrauen, Schwestern. Wer sich bereitfand, mitzuarbeiten, der wurde reicher beschenkt, als er ahnen konnte.

In den Anfangsjahren ihrer Arbeit begegnete sie der Kammersängerin Meta Diestel, die ihre aussichtsreiche Karriere aufgegeben und sich ganz in den Dienst der kirchlichen Mütterarbeit gestellt hatte. Wenn diese fromme, geist- und humorvolle Schwabin zu einem Müttersingen angereist kam, dann füllte sich der größte Saal mit Frauen und Müttern. Und Meta Diestel konnte die gute Botschaft so weitergeben, daß verzagte Herzen Hoffnung bekamen, traurige Augen fröhlich wurden. Sie war hinreißend. Doch bald sagte sie zu Frau Nopitsch:

»Sie müssen sich unbedingt Maria Weigle in ihre Arbeit holen.«

Es war eine Vikarin, die gelernt hatte, aufs gewissenhafteste mit der Bibel umzugehen. Sie hatte bei Professor Adolf Schlatter studiert. Sie hat sich aber darin geübt, das erkannte Wort im Gespräch an andere weiterzugeben. (Für die Methode, die sie entwickelt hat und die so hilfreich war – Bibelarbeit mit Frauen im Gespräch – wurde Maria Weigle im Jahre 1953 von der theologischen Fakultät in Münster die Würde eines Ehrendoktors verliehen.)

In diesen Bibelgesprächen lernten wir Helferinnen als Geschenk für unser Leben und als solche, die diesen Schatz weitergeben durften, den Reichtum des Evangeliums kennen. Das bedeutete viel für mich in diesen Leutershäuser Jahren. Diese Jahre bereicherten uns ja nicht nur durch gute Freundschaften – ich nenne den Namen Redlin! – und enge gemeindliche Beziehungen, sondern ließen uns auch die Sorgen und Nöte dieses Lebens durchmachen!

Die Kinder

Die Freude und Beglückung unseres Familienlebens waren unsere fünf gesunden und munteren Kinder, die ich jetzt endlich einmal der Reihe nach aufzählen muß: Hans, geboren 1917, Gottfried, geboren 1920, Marie, geboren 1922, Hermann, geboren 1925 und Christian, geboren 1927. Durch ihre Schwester wurden die vier Knaben in zwei Paare getrennt, die jeweils eng verbunden waren; sie sind es eigentlich auch immer geblieben. Mäd, wie unsere Marie bald genannt wurde, erzählt, daß sie sich je nach Bedarf zu dem oberen oder unteren Brüderpaar gehalten habe!

»Ihr habt euch eigentlich wenig gestritten, wenigstens habe ich nicht viel davon gemerkt«,

– so sagte ich einmal vor Jahren, als wir uns zurückerinnerten.

»O Mutter«,

sagte Hermann,

»wenn Du wüßtest, wie oft wir in der alten Scheune miteinander gerauft haben!«

Wenn sie friedlich waren, saßen sie oft auf der Stadtmauer, die unseren großen Pfarrgarten nach Süden begrenzte. Sie hatte eine uralte Pforte mit einem gotischen Knick, die hinaus zum sogenannten Zwinger führte, dem ehemaligen Stadtgraben. Etwas entfernt floß die Altmühl vorbei, so langsam, daß nur der Kenner wußte, was aufwärts und was abwärts ging. Hermann, der immer etwas vorhatte, sparte für ein Paddelboot, und eines Tages war es so weit, daß unser Volk auf der lahmen, schmalen Altmühl paddeln konnte. Kameraden hatten sie immer und die waren dann auch regelmäßig unsere Sonntags-Kaffeegäste. Ich nenne z.B. den Namen Bickerts Konrad, den sogenannten Ratt.

Hermann hatte wieder einmal einen Plan; er wollte Bienen halten, wie sein Schulkamerad aus Neuendettelsau. Aber diesmal wehrte sich der Vater hartnäckig.

»Ich kann mich nicht auch noch um Bienenvölker kümmern!«

Es war ja Krieg, und nach einem Notabitur wurden die etwa 17jährigen Söhne unerbittlich weggeholt, zuerst zum Arbeitsdienst, dann zum Militär. Hermann drängte und drängte. Seine Vorhaben waren immer auch irgendwie sinnvoll, man konnte nicht nur abwehren. Schließlich sagte ich:

»Ich zeichne verantwortlich. Wollen wir's probieren!«

Wir holten unter dramatischen Umständen – ein Kasten voll Bienen rutschte unbemerkt vom Leiterwägelchen ab, der Deckel sprang auf, die erschreckten Bienen flogen wild und stechend davon –, also wir holten die vier Kästen vom Bechhöfer-Bähnle ab, früh um 1.27 Uhr. Unser Vater wurde bei diesem Unternehmen so verstochen, daß er mit seinem verschwollenen Gesicht nicht um 8.00 Uhr zum Religionsunterricht in die Schule gehen konnte. So dachte er:

»Ich hole mir bei der Nachbarin Diemer eine Leiter und pflücke Äpfel ab.«

Als er freundlich um die Leiter bat, musterte ihn Frau Diemer und sagte barsch:

Wer sind denn Sie?

– er bekam dann die Leiter doch, als er ihr erklärte, daß er der Nachbar Dekan sei!

In dem darauffolgenden Winter mußte ich mich mit dem Leben der Bienen und mit der Kunst, sie zu betreuen, bekanntmachen. Ich kaufte mir Bücher. Von der Doktorin, wie wir Toni Nopitsch nannten, bekam ich noch einige dazu. Ich bekam auch zwei Kästen von ihr, denn sie hatte die Bienenzucht aus Zeitmangel aufgegeben.

Kriegsjahre (1)

Es war der Winter 1942/43. Unser Hans war nach einer Offiziers-ausbildung im Oktober 1942 nach Stalingrad eingeflogen worden, man brauchte dringend Nachschub! Einige Wochen nachher war der Ring der Russen um Stalingrad geschlossen. Anfang Februar 1943 ergab sich General Paulus mit seiner sechsten Armee. Hans hatte mit einem der letzten Flugzeuge noch einen letzten Brief her-ausgebracht. Der war tröstlich. Aber, daß Hans das dunkle Schick-sal der 90.000 Stalingrad-Gefangenen zu leiden hatte, das stand fest.

Nicht nur der Brief unseres Hans tröstete mich; noch mehr tat es eine Bibelarbeit von Maria Weigle:

»So denn ihr, die ihr arg seid, könnt euren Kindern gute Gaben geben, wie viel mehr wird der Vater im Himmel den Heiligen Geist geben denen die ihn bitten.«

Heiliger Geist – nicht als Ersatztröstung, sondern als die Kraft, die uns mit Gottes Führung einverstanden macht! Es ist vielleicht schwer verständlich, aber in dieser Zeit waren mir die Bienen eine echte Hilfe! Ich mußte in diesem Winter theoretisch lernen, was ich im Sommer praktisch üben mußte. Ich mußte mich ablenken lassen von dem schweren, das uns bedrückte. Darein durfte ich mich nicht verlieren!

Unser Gottfried entschloss sich nach seinem Abitur 1939, Me-dizin zu studieren, und zwar bevor die Bestimmung herauskam, daß im Fall eines Krieges Mediziner bis zum Physikum weiter studieren durften!

Er war in der Folgezeit immer wieder an der Front, mit Unterbrechungen durch Verwundung, durch Beurlaubung und Studium, durch Einsatz in Heimatlazaretten.

Unsere Marie mußte das Praktikum für ihren Beruf als Landwirtschaftslehrerin im eroberten Polen und dann im Elsaß, bei Straßburg, machen. Als dort im Sommer 1944 die Truppen der Alliierten eindrangen und sie fliehen mußte, kam sie als erster Heimkehrer ins Elternhaus. Vorher aber besuchten wir sie noch, Christian und ich, im Frühsommer 1944! Christian hatte ein paar Tage Zeit, bevor er zum Arbeitsdienst einrücken mußte; beide hatten die Vorstellung, daß uns eine Fahrt ins Elsaß, dessen deutsche Tage ja gezählt waren, sehr bereichern könnte. Maries Arbeitseinsatz war in Brumat, einem Städtchen nahe bei Straßburg, also Ausflug in die Nordvogesen!

Marie brachten wir von dort fußkrank heim, sie konnte uns dann nicht mehr begleiten. Das Straßburger Münster mußten wir allein besichtigen. Unvergleichlich der Anblick der Westfassade, unvergeßlich die Stunden in der herrlichen Kirche. Daß die astronomische Uhr gegen Bombenangriffe eingemauert war, fand ich nicht so tragisch. Daß aber auch der Engelspfeiler im Beton verschwunden war, tat mir sehr leid. 12 Jahre später konnte ich ihn bei einem Kirchenchorausflug doch noch sehen. – Wir stiegen in dem engen Treppentürmchen die Wendeltreppe hinauf bis zur Plattform. Immer wieder Ausblicke auf die schönste Ausschmückung

der Außenwände: romanische Friese, gotisches Maßwerk, pracht-
volle Rundblicke. Dann waren wir oben, wir versuchten noch ein
wenig in den Turm einzusteigen, was Christian weit besser gelang
als mir. Wir lasen in den Stein eingeritzte Namen: Heinrich Jung-
Stilling, Johann Wolfgang Goethe und viele andere! Da ertönte
plötzlich eine Sondermeldung aus dem Radio, nicht mit dem Pari-
ser Einzugsmarsch als Siegeszeichen! Die Zeit der Rückzüge hatte
längst begonnen. Die Sondermeldung lautete:

»Der Ring der Russen um Bobruisk ist geschlossen.«

Die im Ring befindliche Armee mußte verloren gegeben werden.
Nun hatte unser Hermann uns kurz vorher verschlüsselt mitteilen
können, daß er bei den Kämpfen um Bobruisk eingesetzt sei.
Würde er bei den wenigen sein, die gerettet wurden?

Nach wenigen Wochen kam er zu einem Sonderurlaub heim,
den alle die bekamen, die dem Verderben entronnen waren. Er war
in den entscheidenden Stunden in Ruhestellung. Seine ganze Hab-
schaft war verloren, aber er und seine Kameraden blieben außer-
halb des Ringes der Russen und wurden gerettet. Oftmals hat er,
oftmals haben seine Geschwister ähnliche Bewahrungen erlebt. Ich
kann nicht alles aufschreiben, aber ich will dafür dankbar bleiben,
solange ich kann!

Tagung des Mütterwerks (Herbst 1944)

Als Christian nach verkürztem Arbeitsdiensteinsatz am Westwall überraschend nach Hause kam – es war in der Zeit als auch Marie heimkehrte –, war gerade die große Tagung des Mütterwerkes in unserem Haus, die ich schon erwähnte. Es war Herbst 1944. Die Tagung sollte ursprünglich in der Zentrale der Evangelischen Frauenhilfe stattfinden, es war die Haupttagung, die einmal jährlich die Verantwortlichen der Evangelischen Frauenarbeit versammelte. Aber Potsdam, der Mittelpunkt dieser Arbeit, kam nicht mehr in Frage. Wohin nun? Toni Nopitsch, deren Mitarbeiterin Lieselotte Nold schon seit Jahren war, wußte keinen Rat mehr. In keinem ihrer Heime durfte sie diese Tagung aufnehmen. Sie hatte versprechen müssen, keinen dieser Räume seinem Zweck zu entfremden. Die Gestapo wachte scharf darüber, daß diese Bestimmung auch befolgt wurde. Wohin also mit der Reichstagung der Evangelischen Frauenhilfe 1944!? Ich traf Toni Nopitsch und sah ihre Kümmernis. Da wagte ich die Frage:

»Wollt Ihr es bei uns probieren? Unser Dekanat ist wahrscheinlich groß genug. Quartiere werden wir auftreiben für 30 bis 35 Personen. Die Parteileitung wird uns wohl keine Schwierigkeiten machen.«

Ende September kamen also aus allen Teilen Deutschlands verantwortliche Vertreter der Frauenarbeit angereist; damals noch mit der Bahn. Namhafte Redner wurden erwartet, an der Spitze Professor

Gerhard von Rad.[186] Dieser war sechs Wochen vorher zum Wehr-
dienst eingezogen worden und bekam keinen Urlaub. Seine Frau
war gekommen, um sich mit ihrem Mann treffen zu können; große
Enttäuschung allenthalben! Aber nach einigen Tagen stand er dann
doch vor der Türe. Er kam in der schäbigsten Rekrutenuniform,
die man sich denken konnte; so, als wollte man diesen hochgelehr-
ten und durchgeistigten Mann möglichst tief herunterdrücken!
Aber er kam glücklich, und glücklich waren wir alle, am meisten
seine Frau. Georg Merz war auch da. Er war der geistige und geistliche Berater unserer Gemeinschaft. Pastor Brandt von Bethel, Leiter der dortigen theologischen Schule, war mit seiner Frau gekommen. Die vielen Mitarbeiterinnen, die noch kamen, kann ich nicht
mehr alle mit Namen nennen.

Meine große Küche, meinen Küchenherd, alles, was gebraucht
wurde, habe ich an Elsa Winterstein abgegeben für die 2 ½ Wochen der Arbeitstagung, dazu meinen Kochlöffel und mein Szep-
ter! Ich bekam es beim Schlußakt feierlich wieder überreicht. Wir
waren Gäste in unserem eigenen Haus! Der Kapitelsaal war Ta-
gungsraum, unser Eßzimmer und das große Wohnzimmer wurden
Speisesaal.

---

186 Anm. Hg. Zur Verbindung zu G. v. Rad: Dieser war 1926 »als Privatvikar
des Pfarrers Blendinger (= der Vater, Hg.) nach Lauf abgeordnet« worden,
denn »Pfarrer, die krank oder aus Altersgründen amtsbehindert waren, konnten sich auf eigene Kosten einen sogenannten ›Privatvikar‹ nehmen, der ihre
Amtspflichten übernahm, und sich und ihrer Familie dadurch die Bezüge aus
der Stelle erhalten.« HAUGER, MARTIN, G. v. Rads frühe Predigten, Leipzig
2013, 105.

Else Winterstein zauberte aus wenig die herrlichsten Gerichte. Maria Weigle sagte fast jedesmal, wenn wir uns sehen:

»Und weißt du noch, wie Professor von Rad und Dr. Brandt abwechselnd aus einer Pfeife geraucht haben?«

Mehr war damals nicht zu bekommen!

Aber der geistliche und geistige Born sprudelte, wie ich's noch nicht erlebt hatte. Wir wurden reich davon.

Kriegsjahre (2)

Noch sind wir im Krieg. Unsere Söhne waren nach und nach alle vier zu den Waffen einberufen worden. Doch schon kamen die ersten Bombenflüchtigen in unser Haus: Zuerst Konni Steinhardt, ein Berliner Pfarrersbub, der mit anderen Kindern wegen der zunehmenden Bombenangriffe aus Berlin evakuiert wurde.

Der Landeskirchenrat mußte wegen Bombenschaden und wachsender Fliegerbedrohung aus München weichen und ab Anfang 1944 in Ansbach seine Zuflucht suchen. Seine Mitarbeiter suchten in der Umgebung Wohnung für sich und ihre Familien. Unter ihnen war Clemens Köhler, den wir von Erlangen her kannten. Er gehörte zu den Angestellten des Landeskirchenrats. Nach längerem Suchen in Leutershausen fand er eine Wohnung bei Blendingers, und so lebten wir mit unseren Freunden Gretel und Clemens und ihren vier Kindern einige Jahre unter einem Dach. Ihr Sohn Gottfried war unser Patensohn. Musik war in dieser Zeit großgeschrieben in unserem Haus. Die hochmusikalische Gretel verstand es auch bei anderen, schlummernden Talenten zu wecken. Sie war daheim in der klassischen Musik, aber auch eine gute Kennerin des kostbaren alten Liedgutes, das die Singgemeinde-Bewegung, die sogenannten »Finkensteiner« überall in den Zwanzigerjahren aufgestöbert und wieder zum Klingen gebracht haben. Gretel hatte eine wunderschöne Altstimme!

Außerdem kam zu uns meine Zwillingsschwester Marie, die nach dem Tod meiner Eltern frühzeitig wegen ihres schweren Zuckerleidens pensioniert wurde und in ein Altersheim gezogen war. Sie kam 1944 nach schweren Fliegerangriffen aus Aschaffenburg für zwei Jahre in unser Haus. Wir waren froh, daß wir sie nun bei uns hatten, die treue Beterin und Fürsorgerin.

An dieser Stelle müssen ein paar Namen genannt werden, die uns in Leutershausen von Anfang an begegnet waren und begleitet hatten. Ich hatte noch nicht Gelegenheit von ihnen zu berichten.

Alida, die charmante, liebenswerte Frau unseres zweiten Pfarrers – ich kannte sie schon vom Pfarrschwesternbund her –, sagte bald nach unserem Einstand in Leutershausen:

»Also in der Apotheke müßt ihr bald einen Besuch machen! Die Apothekerin und ihre Schwester, die Kammersängerin, sind zwei reizende Frauen. Sie wohnen mit ihren Eltern, einem pensionierten Pfarrersehepaar aus Stettin, seit

knapp zwei Jahren in Leutershausen. Betty Redlin hat dort die Apotheke erworben.«[187]

---

[187] Anm. Hg.: Zu Betty Redlin ist Folgendes überliefert (Online-Eigenbericht der Leutershausener Apotheke):

»Zum Nachweis der Tatsache, dass ich mich niemals aktiv für eine Tätigkeit der NSDAP oder einer ihrer Gliederungen eingesetzt habe, führe ich folgende Punkte an: Ich habe niemals der NSDAP als Mitglied angehört und habe niemals in einer der ihr angeschlossenen Organisationen irgendein Amt bekleidet oder wäre dafür auch nur in Frage gekommen auf Grund meiner allgemein bekannten Haltung zum Nazi Regime, die bezeugt werden kann: von […] Wenn ich im Juli 1934 trotzdem auf wiederholtes Drängen der Frauenschaft in diese eintrat, und mich verpflichtete den monatlichen Beitrag von 0,50 RM und später 0,62 RM zu entrichten, so übernahm ich diese Verpflichtung mit Rücksicht auf das von mir am 01. Mai 1934 übernommene Geschäft, um nicht wieder dem gleichen Schicksal ausgeliefert zu werden wie in meiner Heimatstadt Stettin, wo ich als Apothekerin am Städtischen Krankenhaus von den Nazis aus meiner Stellung entlassen wurde, als Tochter eines noch im Amte stehenden evangelischen Geistlichen, zu, 01.10.1933, dem Tage an dem ich nach 10jähriger Tätigkeit ins Beamtenverhältnis übernommen werden sollte. Ich hätte mir diese Stellung erhalten können, wenn ich der Forderung zum Eintritt in die Partei nachgekommen wäre. Ich musste dies ablehnen, da meine innere Überzeugung und meine religiöse Einstellung in völligem Gegensatz zu der nationalsozialistischen Weltanschauung stand. […] Ich habe weder nationalsozialistische Überzeugungen noch Rassendoktrin nach militaristische Lehren betreten. Im Gegenteil habe ich allen Veranstaltungen der Partei und ihrer Gliederungen passiven Widerstand entgegengesetzt, indem ich in keiner Weise an ihnen teilnahm, nicht einmal an Kinovorführungen oder den Wochenschauen. In den letzten Jahren wurde ich überhaupt nicht mehr eingeladen. Diese Nichtbeteiligung weder in persönlicher noch in pekuniärer Weise trug mir viele Schwierigkeiten von Seiten der Partei ein. Ich habe mit dem früheren Ortsgruppenleiter R. schwerwiegende Auseinandersetzungen gehabt, ebenso mit dem Hauptlehrer R. und später mit dem hiesigen Bürgermeister und dem Ortsgruppenleiter. Auch mit dem Propagandaleiter hatte ich große Schwierigkeiten, als ich mich weigerte, eine Propagandatafel an meinem Haus anbringen zu lassen. Mit diesem hatte ich in der Nacht vom 17. zum 18. April 1945 in aller Öffentlichkeit einen heftigen Zusammenstoß, als ich ihn drängte, auf eine kampflose Übergabe der Stadt hinzuwirken angesichts der Sinnlosigkeit der Lage und der vielen in der

So Alidas Bericht. Er kam ihr nicht so glatt von den Lippen, Alida stotterte ein wenig, aber das machte ihren Charme noch gewinnender! Wir machten also bald einen Besuch in der Apotheke, es war nicht der letzte, sondern eine Kette von vielen gegenseitigen Begegnungen und wurde bald eine große Freundschaft. Wir fanden uns rasch zusammen und teilten seitdem Freude und Leid. Sophie Redlin, die Sängerin, war Klavierlehrerin und brachte unseren jüngeren Kindern ein tiefes Verständnis für Musik bei.

Es wären noch viele zu nennen! All den Menschen, die in den 30 Jahren Leutershausen uns zu Freunden wurden, möchte ich hier ein Denkmal der Liebe und des Dankes setzen. Ich kann sie nicht aufzählen! Ich kann nur sagen, daß Eure Liebe und Euer Vertrauen und Euer Vergeben meinen Mann und mich reich gemacht haben.

Der Krieg wurde immer grausamer. Die Soldaten an der Front wurden durch propagandistische Irreführung in der Meinung erhalten, daß die Wende zum Sieg durch eine Wunderwaffe nahe bevorstehe. Jedenfalls wurde dies versucht. In der Heimat war diese

---

Stadt befindlichen Frauen und Kinder. […] Im Gegensatz zur Partei unterstützte ich die Kirche, wo ich nur konnte. […] In einer Zeit, in der der Landeskirchenrat es nicht wagen konnte, seine Schriftstücke direkt an das hiesige Dekanat zu schicken, habe ich meine und meiner Apotheke Anschrift als Deckadresse angegeben.«

BETTY REDLIN, Auszüge aus der Stellungnahme gegenüber dem Prüfungsausschuss der Entnazifizierung. Stellungnahme vom 01.11.1945 gegenüber dem Prüfungsausschuss der Stadt Leutershausen . URL: apotheke-leutershausen.com/ueber_uns/ (Stand: 17.08.2022).

Hoffnung erloschen. Aber wer konnte seine Meinung noch frei äußern! Jeder wurde überwacht, und wer mit Freunden ein offenes Gespräch wagen wollte, der sicherte sich zunächst ab durch den sogenannten deutschen Blick: Man spähte nach allen Seiten, ob es keine Zuhörer gab. In diesen letzten Monaten des Krieges, Sommer 1944, wurde Christian, 17jährig, eingezogen, zunächst zum Arbeitsdienst, im Oktober dann zum Militär. In der Zeit, als Nürnberg zerstört wurde, Rothenburg brannte und Würzburg in Schutt und Asche lag, wurde er im März 1945 zur Verteidigung des Vaterlandes in der Gegend von Ochsenfurt eingesetzt. Er kam bei Bullenheim in amerikanische Gefangenschaft und mußte fünf Hungermonate bei Marseille in einem der berüchtigten Lager aushalten, bis die Gefangenen unter 18 und über 45 aus den Scharen herausgeholt und in die Heimat zurückgeschickt wurden. Das war Anfang September 1945. Ich sehe ihn noch: An einem Septembernachmittag – wir schleuderten eben Honig –, stand er plötzlich in der Küche. Zerschlissen die Uniform, strahlend seine blauen Augen! Wir waren überglücklich! Gretel Köhler war nach der Begrüßung davongeeilt, um unserm Heimkehrer das Bad anzuschüren. Wir umstanden ihn und freuten uns, bis er bittend sagte:

»Ich hab Hunger!«

Wie lang wird er sich danach gesehnt haben, daheim satt zu werden!

Hermann lag bei Dresden den Russen gegenüber, als er eines Nachts eine fürchterliche Schießerei in nächster Nähe hörte, – doch noch die neue Wunderwaffe? Nein! Es war der 9. Mai 1945, die Russen verschossen ihre Munition, sie hatten eben vom Waffenstillstand erfahren.

Jetzt kam das große Bangen bei den deutschen Soldaten: Was wird?! Sie wagten sich nicht zu den russischen Stellungen hinüber. Doch da kamen die ersten Deutschen von dort zu ihnen her: *»Geht doch hinüber, sie schicken uns heim!«* Und so war es! Sie wagten sich zu den Russen. Die nahmen ihnen den Wehrpaß ab, gaben jedem einen Schnaps und winkten:

»Nach Hause, nach Hause!«

Mit Erleichterung traten sie gruppenweise den Weg nach Westen an. Einige Tage ging es reibungslos. Plötzlich fuhr jedoch ein Lastwagen an ihnen vorbei, beladen mit deutschen Soldaten, Richtung Osten! Noch einer. Sie verschwanden von der Landstraße, es war nicht geheuer. Bald mußten sie erfahren, daß die Russen alle deutschen Soldaten wieder zurückholten und in Gefangenschaft brachten. Der Grund war der, daß an diesem Frontabschnitt ein deutscher General den Waffenstillstand nicht einhielt und seiner Truppe den Befehl gegeben hatte, weiterzukämpfen. Wie viel Tausenden hat dieser halsstarrige Mann wohl durch seine Haltung noch das Leben geraubt!

Hermann hielt sich auf Seitenwegen und kam durch. 14 Tage nach Kriegsende komme ich 2 Minuten nach Beginn der Sperrzeit heim. Aus jedem Fenster hing förmlich einer heraus, oben Köhlers, unten Blendingers, und winkten und taten! *»Was habt ihr nur für ein Getue«*, dachte ich, *»wenn man einmal 2 Minuten nach der Sperrstunde heimkommt!«* So ging ich ins Haus. Da kam hinter der Haustür

strahlend mein Hermann hervor. Jetzt wusste ich es! Glücklich um-
ringten wir ihn; natürlich außer Gretel, die ja schon sein Empfangs-
bad anheizte![188]

Mit Bangen waren unsere Heimkehrer gekommen. Sie hatten ja
keine Nachricht mehr von daheim. Wird das Elternhaus noch ste-
hen? Wird das Städtle bewahrt geblieben sein? Sie fanden noch alles, was sie an die Heimat band! Unser Gottfried war als Sanitäts-
feldwebel kurz vor seinem medizinischen Examen einem Lazarett
in Feuchtwangen zugestellt worden. In Lehrberg musste er sich immer wieder melden zum Empfang neuer Befehle. Auf dem Weg
dorthin war er schließlich Mitte April zwischen die Fronten gera-
ten. Er sagte sich:

>*»Jetzt kann ich beim Überrolltwerden den Eltern daheim mehr helfen als*
>*den Verwundeten im Lazarett, die ärztlich versorgt sind.«*

Die Stadt brennt

So kam er [*Sohn Gottfried*] heim und half beim Löschen, als Leuters-
hausen brannte. Als unser Vater sich im Augenblick der höchsten
Not, als nämlich die Amerikaner vor Leutershausen standen, dem
Bürgermeister angeboten hatte, zur amerikanischen Befehlsstelle in

---

[188] Anm. Hg.: Sohn H. erzählt: Am 22. Mai, Pfingstdienstag, sei er bei Sonnen-
untergang in Leutershausen angekommen, habe dort das Dekanat unversehrt
angetroffen, die Eltern seien zu dieser Stunde nicht daheim gewesen; jedoch
habe ihm seine Schwester Marie berichtet, Gottfried sei als amerikanischer
Kriegsgefangener wegtransportiert worden, Christian »im Westen« vermisst,
Hans seit Stalingrad verschollen. (BLENDINGER, HERMANN, Ein Unheld im
Zweiten Weltkrieg, 223)

Auerbach zu gehen und für die Übergabe Leutershausen sich ein-
zusetzen – da begleitete Gottfried seinen Vater bis zum Dorf Mittelramstadt unmittelbar vor den feindlichen Stellungen in der
Nacht.

Unsere Marie, die schon im Herbst 1944 sich rechtzeitig aus
dem Elsaß nach Hause abgesetzt hatte, war die ganze Nacht im
Löscheinsatz im brennenden Städtchen, vor allem im Bereich der
Kirche. Es brannten etwa 80 Gebäude! Bis auf den Boden des Kir-
chendaches schleppte sie ihren Spritzkübel und versuchte, zusammen mit Oberkirchenrat Karg, die glimmenden Schneebretter auf
dem Kirchendach zu löschen. Mit Erfolg!

Am Ende des Krieges – und danach…

In dieser turbulenten und schicksalsvollen Nacht in der Mitte des
April 1945, bevor die Amerikaner in Leutershausen einrückten,
holte mich Gottfried [*jun.*] – ich war krank – aus dem Städtchen
weg und brachte mich nach dem Dorf Winden zu Bekannten. Er
vermutete, durch diesen abgelegenen Ort an einer kleinen Neben-
straße würden die Eroberer kaum ihre Panzer beim Einzug in unser Städtle lenken. Aber genau über diese Straße kamen sie im Mor-
gengrauen gerasselt. Sie nahmen ihn fest und wollten ihn auf ihrem
vordersten Panzer mitnehmen. Er wehrte sich jedoch, er stand als
Sanitätsangehöriger unter dem Schutz des Roten Kreuzes. Aber
eben dieser Schutz war für Deutschland in der vorhergehenden
Nacht erloschen. Trotzdem gelang es ihm, sich noch einmal frei-
zureden. Keine 12 Stunden später wurde er mitten im Städtle in

amerikanische Gefangenschaft genommen. Er hatte sich auf Befehl der Besatzungsmacht im Rathaus melden müssen und wurde kurzerhand mitgenommen. 15 Monate lang musste er in Rennes, in Nordfrankreich, eine harte Gefangenschaft durchmachen. Aber er konnte in dieser Zeit durch seinen Arztberuf vielen helfen. Einige Heimkehrer, die uns Grüße von ihm brachten, schrieben dazu: »*Er hat mir das Leben gerettet!*« Im Sommer kam er heim.

Genau zwei Tage zuvor war nach 3 ½ Jahren die erste Karte von unserem Hans angekommen. Wir waren leider nicht zu Hause, als Gottfried, und auch nicht als diese Karte ankam. Erst zwei Tage später kamen wir heim und konnten Gottfried begrüßen und uns über diese Karte freuen. Wie wir uns gefreut haben! Unser Hans war über drei Jahre verschollen, wir konnten kaum Hoffnung haben, ihn wieder zu sehen. Da kam im März 1946 über das Rote Kreuz eine Meldung in unser Haus:

»*Der Russlandheimkehrer Moerk aus Württemberg kann Ihnen eine Meldung über ihren Sohn Hans Blendinger machen, der etwa Anfang Februar 1943 in russische Gefangenschaft gekommen ist.*«

Aber was für eine Art Nachricht würde er wohl bringen? Wir durchlebten bange Tage, bis der Brief von Moerk kam. Welch glückliches Aufatmen brachte er uns! Hans lebte, tat Lazarettdienst, weil seine Gesundheit für jeglichen anderen Arbeitseinsatz nicht mehr ausreicht. So konnte er dem kranken Heimkehrer Grüße mitgeben, freilich nicht schriftlich, das war noch verboten. Deshalb hieß auch die Suchadresse auf der Karte vom Roten Kreuz nur: Pfarrer Blendinger, Nähe Erlangen. Die Post fand uns! Auf der ersten Karte unseres Hans, die dann bald folgte, stand als Mitte: *»Leben die Geschwister?«*

Noch einmal fast 3 ½ Jahre dauerte es, bis Ende Oktober 1946 aus Frankfurt/Oder ein Telegramm kam: *»Irrfahrt beendet! Euer Hans.«* Wenige Tage danach läutete nachts gegen 2:00 Uhr die Hausglocke. In Windeseile waren, spärlich bekleidet, alle Familienmitglieder auf der Haustreppe versammelt. Ich rief den Untenstehenden zu: *»Lasst mich aufmachen!«* Dann schloss ich meinen wiedergeschenkten Ältesten in die Arme!

Als Hans alle Geschwister und Hausgenossen begrüßt hatte, war Gottfried verschwunden. Nach 2 Minuten erschien er wieder. Er hatte sich auf das Nachthemd seine schönste Krawatte gebunden, wir feierten ja auch unser schönstes Fest! Hosen? Nein, alle hatten ja keine an. Die Festgewänder waren Schlafrock und Nachthemd.

Nun hatten wir unsere Kinder alle wieder.

Es war wie ein Wunder!

[…] Zu meinem letztjährigen Geburtstag hier im stillen Betzenstein wurde mir von einer jungen Freundin ein Spruch gestickt. Er hat seinen Platz neben dem Sofa bekommen […]. Ich habe den Spruch von Jesaja 58, Vers 9 und 10, täglich vor mir.

Er spricht mir zu:

»Siehe, hier bin ich.
Dein Dunkel wird sein wie der Mittag.«

Das Haus, das alte Dekanat, im Schatten der Kirche! Es war so alt wie unsere Betzensteiner Kirche, etwa 1750 erbaut. Platz für unsere große Familie, auch noch für einen etwa 50 qm großen Kapitelsaal. Eine breite, bequeme Treppe führte in einem weiten Bogen zum 1. Stock. Im Kapitelsaal fanden zuerst nur die Pfarrkonferenzen statt, später hatte der Kirchenchor dort seine Heimat, dann die Jugendkreise. Er nahm alle kirchlichen Arbeiten auf, die in der Einengung durch die Parteimaßnahmen ihre Räume verloren. Als wir schließlich wegen Kohlenknappheit den Kapitelsaal nur selten heizen konnten, zogen alle diese Arbeitskreise, außer dem Kirchenchor in unser Wohnzimmer!

Wenn ich von Parteimaßnahmen spreche, muß ich um der Gerechtigkeit willen sagen, daß die Leutershäuser Verantwortlichen aus der Partei weitgehend rücksichtsvoll und immer höflich mit ihrem Dekan umgegangen sind. Das ging bis dahin, daß der Bürgermeister im Herbst 1944, als wir dem Mütterdienst unsere Räume für eine große Tagung zur Verfügung stellten, täglich aus seiner Molkerei eine große Kanne Magermilch, oft Quark, oft große Tragkörbe voll Zwetschgen aus der städtischen Zwetschgenanlage zur Verfügung stellte.
Es ging auch soweit, daß der Gendarmeriemeister manchmal am Samstag einen kleinen Besuch im Studierzimmer machte und dabei ganz beiläufig sagte: "Herr Dekan, ich wollte nur sagen, daß ich morgen im Gottesdienst bin." Er mußte abhören!

Abb. 8: aus Luise Blendingers Erinnerungen (Kopier-Auszug)

Anhang (Hg.)

Lebensdaten Gottfried Blendinger

Jahr	Alter	Ereignis
1885		Geburt von Gottfried Blendinger in Geckenheim bei Uffenheim, Mittelfranken am 27. Januar 1885 Taufbucheintrag:
		»*Durch Gottes Gnade wurde mir, dem gegenwärtigen Pfarrer Gottfr. Aug. Joh. Blendinger*[189], *von meiner Frau Sophie Helene Wilhelmine, geb. Schlier, das erste Kind geboren am 27. / sieben u. zwanzigsten Januar 1885 / tausend achthundert achtzig und fünf / morgens 12 Uhr. [-?- Es wurde demselben-?-] bei seiner heiligen Taufe der Name* **Gottfried Joseph Christian** *beigelegt. Es ist getauft worden am Sonntag, den 8. Februar nach der Christenlehre um ½ 3 Uhr Nachm., wobei es von seinem Großvater, dem [-?-] Joseph Schlier u. dem Herrn Pfarrer Christian Meinzolt von Bächingen christl. vertreten wurde.*
		Hebamme: Rosine Rienecker aus Weigersh.«[190]
1899	14	Konfirmation am 26. März 1899 in Lauf an der Pegnitz (II. Pfarrstelle, A. Knaben, Nr. 3, Sonntag Palmarum)[191]
1903	18	Abitur am Neuen Gymnasium in Nürnberg

---

[189] Pfarrer in Geckenheim (1883), Buchheim-Pfaffenhofen (1888), Lauf (1896). Vgl: BUNDESARCHIV, Nachlass Landeskirchliches Archiv der Evangelisch-Lutherischen Kirche in Bayern: Blendinger, Gottfried (1857–1926), Pfarrer. URL: www.bundesarchiv.de/nachlassdatenbank/viewsingle.php?person_id=40886&asset_id=46177 (Stand: 12.06.2024).

[190] EVANGELISCH-LUTHERISCHE KIRCHE IN BAYERN / ARCHION DE, Dekanat Uffenheim / Geckenheim – Kirchenbuch Taufen, Trauungen, Bestattungen 1840-1897. Eintrag Taufe G. J. Chr. Blendinger 1885-01-27, S. 99, Nr. 1 .

[191] Dass., Dekanat Hersbruck / Lauf a. d. Pegnitz – Kirchenbuch Konfirmanden 1860-1905. Eintrag Konfirmation: II. Pfarrstelle, A. Knaben, Nr. 3: Gottfried Blendinger 1899-06-02 (Sonntag Palmarum) .

Jahr	Alter	Ereignis
1903–07	18–22	Studium der Theologie in Erlangen, Rostock[192] und Leipzig
1907	22	1. theologisches Examen
bis 1913		»Wanderleben« als Vikar / »Reiseprediger« (Mönchsondheim, Gnodstadt, Langensteinach, Gerolfingen, Nördlingen und dann 4 Jahre Aschaffenburg)
1914	29	Verleihung der Pfarrstelle Betzenheim (Dienstantritt jedoch erst 2015, nach absolviertem Kriegsdienst)
[1914]		Beginn des 1. Weltkriegs
1914/15	29/30	August 1914: Kriegsdienst als »Sanitätsgefreiter« an der Westfront, Typhuserkrankung nach 4 Monaten, entlassen aus dem Dienst nach 9 Monaten.
1915	30	Juni 1915: Antritt der 2014 verliehenen Pfarrstelle in Betzenheim (Fränkische Schweiz) mit 18 dazugehörenden Ortschaften
1916	31	Heirat mit Luise, geb. Höhn, 5. September 1916 in Aschaffenburg[193]
1917	32	Geburt des 1. Kindes
[1918]	33	Ende des 1. Weltkriegs
1920	35	Geburt des 2. Kindes

---

[192] 1.5.1905 bis 24.9.1905. Vgl. UNIVERSITÄT ROSTOCK, Matrikelbücher der [7]: [1904–1912] 1904/1905, S. 20, Nr. 87.

[193] EVANGELISCH-LUTHERISCHE KIRCHE IN BAYERN u. ARCHION.DE, Aschaffenburg-Christuskirche / Trauungen 1905–1933. Seite 64, Nr. 13, Aschaffenburg 1916.

Jahr	Alter	Ereignis
1922	37	Geburt des 3. Kindes
1925	40	Geburt des 4. Kindes
1926	41	Gestorben: Gottfried Blendingers Vater
1927	42	Geburt des 5. Kindes
1929	44	Umzug im Januar von Betzenstein nach Erlangen, Antritt des dortigen Klinikpfarramtes (Erlangen Neustadt III)
[1933]	48	Machtergreifung Hitlers
1935	50	April 1935: Antritt der Dekansstelle in Leutershausen, Mittelfranken
[1939]	54	Beginn des 2. Weltkriegs
[1945]	60	Ende des 2. Weltkriegs
1955	70	Beendigung des Dienstes in Leutershausen, Umzug der Eheleute zum Ruhestand nach Betzenstein in ein »*kleines Wohnhaus neben dem Pfarrhaus*«.[194]
1956	71	Der Stadtrat von Leutershausen beschließt am 27. April 1956 die Ernennung Blendingers zum Ehrenbürger. Eine Straße wird nach ihm benannt.
1974	89	Blendinger hinterlässt mit Datum vom 31. August 1974 einen kleinen Lebensrückblick.[195]

---

[194] RICHARD OTTO, Wussten Sie, dass…? Rubrik des historischen Arbeitskreises Betzenstein Amtsblatt Betzenstein, 19. URL: www.betzenstein.de/media/1046/amtsblatt-oktober16.pdf (Stand: 18.06.2024).

[195] Veröffentlicht in: SCHREIBER, HERMANN, Leutershausen, 411–416.

Jahr	Alter	Ereignis
1977	92/93	Einen Tag vor seinem 93. Geburtstag, im Alter von 92 Jahren und 364 Tagen, stirbt Gottfried Blendinger in Lauf an der Pegnitz.
		Die *»letzte Ruhestätte ist das Familiengrab auf dem Betzensteiner Friedhof.«*[196]

---

[196] OTTO, Wussten Sie, dass…? Rubrik des historischen Arbeitskreises Betzenstein.

Schlagwort-Register (Hg.)

PERSONEN

Abbildungen

Literaturhinweise (Hg.)

BAUER, DANIEL: Die nationalsozialistische Herrschaft in Stadt und Land Rothenburg ob der Tauber (1933-1945). Eine regionalgeschichtliche Untersuchung (Bibliotheca Academica – Reihe Geschichte 7), Würzburg 2017.

BAYERISCHER LANDTAG ONLINE: Artikel: »Georg Mack«. URL: www.bayern.landtag.de/abgeordnete/abgeordnete-von-a-z/profil/georg-mack (Stand: 17.11.2023).

BAYERISCHES HAUPTSTAATSARCHIV MÜNCHEN: Abteilung IV, Kriegsarchiv: Kriegsstammrollen (19690 / 5, Nr. 23) 1914–1918.

BLENDINGER, GOTTFRIED: Antwort auf die Angriffe des stellvertr. Gauleiters K. Holz in der Versammlung vom 14.11.1936, Leutershausen .

—: Antwort auf die Angriffe des stellvertr. Gauleiters K. Holz in der Versammlung vom 14.11.36 .

—: Bericht über den Kirchenkampf in Leutershausen, Leutershausen 1934-1937.

—: Geschichte der Evang.-Luth. Kirchengemeinde Leutershausen 1938-1954, Leutershausen 1938-1954.

—: Kriegschronik der Pfarrei Leutershausen bei Ansbach, Leutershausen 1939–1945.

BLENDINGER, HERMANN: Ein Unheld im Zweiten Weltkrieg. Kriegserinnerungen (zweite Fassung) .

BLENDINGER, LUISE: Vergangen – nicht vergessen. URL: www.betzenstein.de/media/1971/vergangen-nicht-vergessen.pdf (Stand: 17.11.2023).

BUNDESARCHIV: Nachlass Landeskirchliches Archiv der Evangelisch-Lutherischen Kirche in Bayern: Blendinger, Gottfried (1857–1926), Pfarrer. URL: www.bundesarchiv.de/nachlassdatenbank/viewsingle.php?person_id=40886&asset_id=46177 (Stand: 12.06.2024).

EVANGELISCH-LUTHERISCHE KIRCHE IN BAYERN: Vom Landeskirchenrat zum Landeskirchenamt. URL: landeskirche.bayern-evangelisch.de/geschichte-des-landeskirchenamtes.php (Stand: 16.08.2022).

EVANGELISCH-LUTHERISCHE KIRCHE IN BAYERN u. ARCHION.DE: Aschaffenburg-Christuskirche / Trauungen 1905–1933. Seite 64, Nr. 13, Aschaffenburg 1916.

EVANGELISCH-LUTHERISCHE KIRCHE IN BAYERN / ARCHION DE: Dekanat Hersbruck / Lauf a. d. Pegnitz – Kirchenbuch Konfirmanden 1860-1905.

Eintrag Konfirmation: II. Pfarrstelle, A. Knaben, Nr. 3: Gottfried Blendinger 1899-06-02 (Sonntag Palmarum) .

—: Dekanat Uffenheim / Geckenheim – Kirchenbuch Taufen, Trauungen, Bestattungen 1840-1897. Eintrag Taufe G. J. Chr. Blendinger 1885-01-27, S. 99, Nr. 1 .

FRÖR, KURT: Die babylonische Gefangenschaft der Kirche, Erlangen 1935.

HABEWIND INFORMATIONSDIENST: 1865 – 2015 Posaunenchöre Neuendettelsau. Feiern zum 150-jährigen Jubiläum haben begonnen. URL: habewind.de/1865-2015-posaunenchoere-neuendettelsau/ (Stand: 17.11.2023).

HAUGER, MARTIN: G. v. Rads frühe Predigten, Leipzig 2013.

KERN, HELMUT: Mein Deutschland - wohin?, (Dresden) 1937.

OTTO, RICHARD: Wussten Sie, dass…? Rubrik des historischen Arbeitskreises Betzenstein Amtsblatt Betzenstein, 19. URL: www.betzenstein.de/media/1046/amtsblatt-oktober16.pdf (Stand: 18.06.2024).

REDLIN, BETTY: Auszüge aus der Stellungnahme gegenüber dem Prüfungsausschuss der Entnazifizierung. Stellungnahme vom 01.11.1945 gegenüber dem Prüfungsausschuss der Stadt Leutershausen . URL: apotheke-leutershausen.com/ueber_uns/ (Stand: 17.08.2022).

SCHREIBER, HERMANN: Leutershausen 1975.

SEYERLEIN, KARL-HEINZ: Das SS-Standgericht »Korück «im April 1945 in Leutershausen. Erschießung von Wehrmachtsangehörigen am 14.4.1945 in Leutershausen, in: Die Brücke - Heimatverein Leutershausen (2016) 1, 2–16.

UNIVERSITÄT ROSTOCK: Matrikelbücher der [7]: [1904–1912] 1904/1905.

WEBER, LIESA: Handlungsspielräume und Handlungsoptionen von Pfarrern und Gemeindegliedern in der Zeit des Nationalsozialismus: Eine vergleichende Studie für die Evangelisch-Lutherische Kirche in Bayern anhand der oberfränkischen Dekanate Bayreuth und Coburg (Forschungen zur Kirchen- und Dogmengeschichte) 2019.